特別支援教育

読み書き・運動が楽しくなる！

見る見る
トレーニング

特別支援教育コーディネーター
いるかどり

学陽書房

はじめに

　本書を手にとっていただき、誠にありがとうございます。

　本書のテーマは「視覚認知」です。

　視覚情報を入力して、脳で情報処理をして、外界に出力をする。それらの一連の能力が「見る力」です。学習の土台となる大切な能力のひとつです。

　そうした学ぶ力の土台となる能力を高めるためのトレーニングが「見る見るトレーニング」です。

「見る見るトレーニング」を教育現場に取り入れよう！

　みるみるうちに学習が楽しくなる！

　見る力の向上を目指したトレーニング！

　「見る見るトレーニング」は、スムーズに文章を読むことができるようになりたい。整った文字で漢字を書くことができるようになりたい。球技やダンスが上手になりたい。そんな子どもたちの願いに、視覚認知の観点からアプローチする学習となっています。

　本書では、QRコードからトレーニングに使うワークシートをダウンロードできます。またトレーニングの方法は、QRコードから動画で見ることができます。ぜひ、「見る見るトレーニング」を、授業や休み時間、家庭学習の中に取り入れてみてください。

　これまでの実践と研究をフルカラーの写真とともに、たくさんの愛情をもって執筆しました。皆様と皆様の目の前の子どもたちの笑顔につながることを願っております。少しでもお役に立てたら幸せです。

　　　　　　　　　　いるかどり

もくじ

第1章 「見る見るトレーニング」ってなに？

第 **3** 章　目と手で「読む」トレーニング

第4章 目と手で「書く」トレーニング

第6章 目と脳と全身をつなぐトレーニング

「本書の使い方」
動画・ワークシートを活用しよう

本書をより効果的に活用していただくため、トレーニングの解説動画や、すぐダウンロードできるワークシートを用意しました。約束を守ってぜひ活用してください。

こんな場面に「見る見るトレーニング」を取り入れよう

★自立活動の授業として

★朝の会の定番として

★授業中の活動の切り替わりやリフレッシュタイムのひとつとして

★休み時間に楽しむネタとして

★家庭学習のひとつとして

　広いスペースを必要としないトレーニングばかりです。学びの場、活動する場所に関係なく、取り入れることができます。

7つのトレーニングポイント

　楽しく取り組むことは、見る見るトレーニングの必須条件です。以下の7つのポイントに気をつけながらチャレンジしましょう！

1 好きなトレーニングから毎日コツコツ継続して取り組もう！

2 1日15分以内で、集中力が続く量(やり切れる量)に調整しよう！

3 教師が見本を見せる！　教師がモデルになろう！

4 子どもたちの状態に合わせて難易度を調整しよう！

5 取り組んでいる姿勢などプロセスをほめよう！

6 鉛筆やプリントなど物的環境を調整しよう！

7 強制しない！　体調や気持ちを確認しながら進めよう！

ワークシートをダウンロードしよう！

　次ページ (P.12) の QR コードから各項目に使用するワークシートをダウンロードできます。また、大きく写真が載っているページやワークシートは、コピーしてラミネート加工することで、視覚情報として子どもたちに見せることができます。教育・療育・保育活動であれば繰り返しのコピー印刷が許可されていますので、ぜひ、活用してください。

動画を見て予習をしよう！

　各項目の QR コードを読み取るとトレーニングの解説・やり方・応用などについての動画が見られます。まずは、教師が動画を参考にし、トレーニングをしてみましょう。

　実際に目を動かしてみると指導のポイントが明確になります。

ご購入・ご利用の前に必ずお読みください

・本書では掲載されている QR コードから、著者の公式ホームページ「空に架かる橋」、また著者の Instagram アカウント (@irukadori_akkyi) に飛び、そこからトレーニングの方法を動画として見られるようになっています。

・本書の動画についてはすべて、著作権法によって保護されています。著者および発行者の許可を得ず、動画の転載、動画の複写・複製等の利用はできません。

・本書の発行後に Instagram の機能が変更された場合、動画の視聴ができなくなる可能性があります。そのことによる直接的、または間接的な損害について、著者ならびに弊社では一切の責任を負いかねます。あらかじめご理解、ご了承ください。

・ワークシートを使ったトレーニングの動画は、主にワークシートの使用方法を解説しています。本書のワークシートと動画中のワークシートが、一部異なる場合はございますが、ご了承ください。

・本書のワークシート等のデータについてはすべて、著作権法によって保護されています。無断で商業目的に使用することはできません。購入された個人または法人・団体が営利目的ではない私的な目的 (学校内や自宅などでの使用) の場合のみ、本書のデータ等を使用することができます。

・QR コードを読み取れない場合や動画が見られない場合、教員の方が使う端末アカウントの自治体や学校のセキュリティの設定が原因の場合があります。その場合、個人の端末やアカウントをご使用いただくと見られる場合があります。

・一学級での使用に留まらず、学校の全学級や自治体で教材を取り入れる場合は、下記メールアドレスまでご連絡ください。
　info@irukadori.jp

収録ワークシート一覧

パスワード：2024dori

【公式】空に架かる橋ホームページ

https://www.soranikakaruhashi.com

※ QR コードを読み込み、教材ダウンロードページの「特典ダウンロード」をクリックして、パスワードを入力してください。

各ワークシートがダウンロードできます。

また、一部トレーニングの動画もここから見ることができます。

第1章

「見る見るトレーニング」ってなに？

「子どもの視点で見てみよう」
見ている世界の違い

子どもたちはどんな世界を見ているのでしょうか。子どもの視点に立って「見てみる」「考えてみる」ことは、教師にとって重要なスキルです。

私たちは目と脳で見ている

　私たちは、外の世界を見るときに、視覚を活用して見ています。視覚の重要な役割を果たしているのが「目」ですが、視力以外にも、さまざまな機能を使って、外の世界を見ています。見えた情報を写真や動画映像のように捉える「視力」、眼球を動かさないで見える範囲「視野」、さまざまな距離感にあるものとピントを合わせる「調節」、見たものが何であるかを把握したり、まねして動いたり体で表現できるように指示を出す「脳の機能」があります。

私の感じる赤とあなたの感じる赤

　たとえば、赤という色を見てみましょう。あなたにとっての赤はどこからどこまでですか？　真っ赤！は、どの赤ですか？

　赤という色ひとつで考えてみても、私もあなたも子どもたちも見ている（感じている）赤が違うのだと理解することが大切です。

全員が見やすい黒板を目指そう

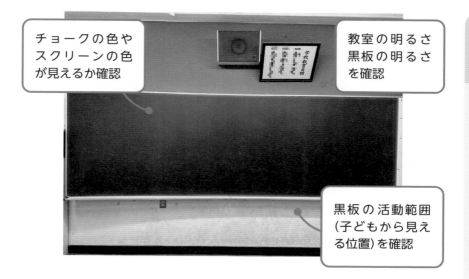

チョークの色やスクリーンの色が見えるか確認

教室の明るさ黒板の明るさを確認

黒板の活動範囲（子どもから見える位置）を確認

子どもの視点に立って「見る」

　小学校1年生と6年生では、体の大きさが違います。座っている椅子の高さも違います。また、前方に座っている子どもたちと、後方に座っている子どもたちでは、見える範囲も変わってきます。こうした学年や座席によって変わる「子どもたちの見え方」に十分に配慮をしながら板書計画をすることが大切です。

　授業準備や模擬授業の際には、実際に子どもが見るであろう位置から黒板を眺めてみることも大切です。

子どもが学びやすい環境調整のために

　タブレットで板書の写真を撮り、保存しておくことも有効です。改めて子どもたちと過去の授業の学習を振り返ることでより伝わりやすくわかりやすい板書計画を立てる際の参考にすることができます。

「見る見るトレーニング」
学習の土台となる力を育む

見る見るトレーニングは、国語や算数などの学習の土台となる力を、学校や家庭で取り入れることで、楽しく向上させることを目指しています。

学習の土台となる感覚や能力に注目しよう

　国語や算数などの教科学習に困り感のある子どもたちに出会ったときには、さまざまな視点で観察をすることが大切です。授業中の様子を丁寧に観察すると、「姿勢が安定していない」「注意散漫になっている」など、さまざまな実態を把握することができます。必要に応じて心理検査や知能検査といったフォーマルアセスメントをすることも大切です。

　まずは、子どもたちの教育的ニーズに応じた学びを遊びや授業の中で提供することができるように、「見る見るトレーニング」の計画を立てます。

　現代は、学習の土台となる力が育ちにくいといわれています。友達と一緒に遊ぶ時間や場所が減少していることが理由のひとつとして考えられます。ボール遊びを禁止している公園も増えており、体をのびのびと動かせる機会が減っています。

　また、室内遊びでは、テレビゲームや動画を視聴するなど、環境の変化にともない、遊びの機会の減少が感じられます。友達と触れ合う機会やのびのびと体を動かすことが少なくなると、見る能力が十分に育たない可能性があります。そのために意識的にトレーニングを取り入れていく必要があるのです。

学習の土台

　小学校で学習をする教科領域は、土台となるさまざまな感覚や能力の成長により、可能となります。まずは、子どもたちの実態を知るため、それぞれの感覚がどう作用するか、どう作用し合うのかを知ることも大切です。下記の図は「学習」を最終目標としたときの発達のピラミッドです。

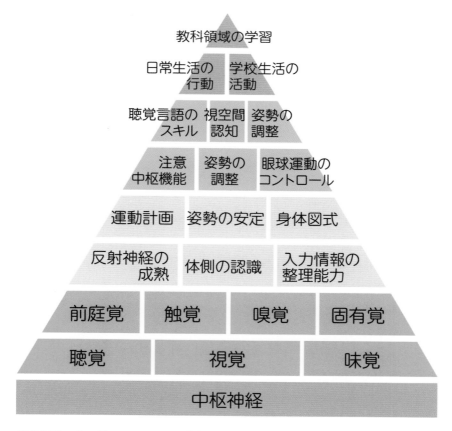

参考文献：Ａ・ジーン・エアーズ（2020）『子どもの隠れたつまずきを理解する感覚統合の発達と支援』岩永竜一郎監訳，古賀祥子訳，金子書房.

3 「視覚認知の流れを知ろう」
入力→処理→出力の3ステップ

私たちは音読をするとき、文字を書くとき、運動をするとき、目と脳と体が連動することで「読む」「書く」「運動」をすることができます。

目から情報が入力される

　私たちは、まず目でものを見ます。見た情報を写真や動画のように映像として捉えて、脳に送ります。この際、必要となってくる機能が、眼球運動とピントを調節する機能です。この機能により、対象物をじーっと追いかけるように見る、ぱっぱっと視点を移動させて見る、焦点を合わせて見るといったことができます。

脳で情報が処理される

　次に、脳で見たものを認識します。目から送られてきた情報は、脳で処理されます。自分の経験など記憶の引き出しから情報を選択し、何色？どんな形？　大きさは？　など情報を整理していきます。その際、自分と対象物の距離感や、対象物の移動速度、空間の把握など、視空間を認知する力を活用して脳が情報処理をします。

「絵を描く」「体を動かす」などして出力される

　目で見たものがどんなものであるのか、どんな状態か、どこにあるのかなど情報を処理したら、脳から体へと出力する方法の指示を送ります。指示を受けた体は、絵を描いたり、体を動かしたりして表現をします。目と脳と体が連動することで学習や運動をスムーズに行うことができます。

「視覚認知」の３ステップ

〈入力〉
あそこに
何かあるぞ！

↓

〈情報を処理〉
赤くてまるい
りんごだ！

まるい

赤い

りんごだ！

↓

〈出力〉
クレヨンで
りんごの絵を描くよ！

19

4 「見る力について知ろう」
学習の土台となる力を知る

「入力→処理→出力」はそれぞれ大切な役割があります。総合的にアプローチすることで、学習につながる「見る力」の向上を目指します。

眼球運動―入力機能

✔見たい目標をじーっと追いかける眼球の運動
・動いているものや転がっているものを目で見て追う
・教科書に書かれている文字や線などをスムーズに見る
・話している教師の目をじっと見続けることができる　など

✔見たい目標に向かってジャンプする眼球の運動
・A地点からB地点へ視線をすばやく移動させる
・教室の黒板と自分のノートを交互にスムーズに見る
・教科書に書かれている文章を読む　など

✔見たい目標に焦点を合わせる両目のチームワーク
・寄り目―両目を内側に寄せる―近くにあるものを見る
・離し目―両目を外側に離す―遠くにあるものを見る
・見ているものがぼやけないようにピントを調整する　など

ピントの調整が難しいと……

　ピントの調整が難しいと、文字がぼやけて見えてしまうこともあります。
　また、同じ文字でも、書体が違うことで異なる文字と認識してしまうこともあります。

> おはようございます。
> これから、朝の会をはじめます。
> 今日は11月11日木よう日です。

全部「さ」の仲間

さ さ さ さ
さ さ さ さ

視空間認知─情報処理機能

✔ 図（対象物）と地（背景）を見分ける働き

・すべての視覚情報の中から、必要な情報だけを見つける

・教科書の見ているページから特定の言葉を見つけたり、本棚の中から特定の本を探したりする　など

✔ 色を把握する働き

・同じ色や違う色を区別する

・りんごの赤、さくらんぼの赤など色の仲間分けをする　など

✔ 形を把握する働き

・同じ形や違う形を区別する

・辺の長さや角度が違う四角形であっても、同じ四角形だと認識する　など

✔ 空間的な位置関係を把握する働き

・立体的に把握し、自分との距離感覚や上下左右などを認識する

・ノートやプリントなど平面的な上下左右の位置関係を認識する　など

目と脳と体のチームワーク─出力機能

✔ 自分のイメージしたように体を動かすボディイメージ

・自分の体の大きさや動かし方などをイメージして、実際に動かす

・相手から投げられたボールをキャッチする　など

5 「見る力の視点で観察する」
見る力のチェックリスト

子どもたちが学んでいる様子を視機能の視点で観察することで、子どもたちが抱える困り感を改善する手立てが見つかります。

授業中に見られる様子

	目が疲れたと教師に伝えることがある
	目をこすったり、ぼやけて見えていると訴えることがある
	自分の持ち物をなくすことが多い
	消しゴムや鉛筆など、探し物が見つからないことが多い
	机の上から学習道具をよく落とす
	文字を読み間違えることが多い
	黒板を見るときに頭が上下や左右に動く
	黒板を見るときに黒板の近くに寄ってくる
	黒板を見るときに体が動いている
	板書の内容をノートに視写するときに、黒板とノートを頻繁に交互に見ている
	遠くを見るときに目を細めたり、顔をしかめたりする
	教師がいる位置を把握しようと探すことが多い
	定規や鉛筆に書かれている文字が見えない
	両目のそれぞれの目が違う方向を見ていることがある
	ものを見るときに、どちらか片方の目を手で隠すことがある
	ハサミで線にそって切ることが難しい
	リコーダーや鍵盤ハーモニカの運指が難しい
	体操やダンスで、まねをして運動することが難しい

読むときに見られる様子

	教科書を読んでいるときに自信がない、読むのを拒む
	文章や文字の読み間違いが多くある
	一文字ずつたどたどしく読んでいる
	同じ行を繰り返して読む、飛ばして読むことがある
	読むことにとても時間がかかる
	読んでいるときに頭が上下や左右に揺れる、体が動く

書くときに見られる様子

	ひらがなやカタカナの書き間違いが多い
	漢字の画数が一本足りない、一本多いなど書き間違いが多い
	鏡文字を書くことが多い
	円や四角など図形を描くことが難しい
	絵画で描きたいものが他者に伝わらない
	ノートの行やマス目からはみ出してしまうことが多い
	名前を書くときに、スペースに対して極端に文字が小さくなってしまうなどバランスをとることが難しい

生活で見られる様子

	ドアや机によくぶつかる
	右と左をよく間違える
	方向を間違ったり、目的地を見失うことがある
	整理整頓をすることが難しい
	プリントを半分に折ったり、しまうことが苦手
	連絡帳を書くことに時間がかかる
	服の着脱やボタンをはめることに時間がかかってしまう
	メモや計算などでケアレスミスが多い
	休み時間など、球技をいやがる
	シールを決まった位置に貼ることが難しい

「教育活動に取り入れよう」
成功体験を重ねる大切さ

トレーニングの最大の目的は、学びの土台となる力を楽しく向上させることです。成功体験を積み重ねることは学習意欲の向上につながります。

宿題で間違った漢字を150回書かせた事例

　自閉症・情緒障害特別支援学級に在籍する中学生の生徒の事例です。50問テストで満点をとることができなかったとして、担任の先生はその日の宿題に「間違った漢字を150回書いてくる」ことを指示しました。生徒は、まじめに取り組もうと努力しましたが、終わるはずがなく、翌日、朝の時間から帰りの時間まで、漢字の反復練習をさせられました。次の漢字テストも、その次の漢字テストも、満点をとることができなかったその生徒は、翌週から学校に登校することができなくなってしまいました。

　これは、繰り返し漢字を書けば、漢字を書けるようになるという教師の思い込みから生徒を苦しめた事例です。確かに、手を動かしながら、書字の学習をすることは効果的な学習の手段のひとつですが、「見え方」「認識の仕方」は、その子によってさまざまなのです。結果として、生徒を苦しめることになってしまいました。

　もしかすると、別のアプローチであれば漢字を覚えることができたかもしれません。そういった視点をもつことが大切です。子どもたちの困り感の背景要因を多角的な視点で捉え、複数の指導の引き出しをもつことで、子どもたちを苦しめることのない学びを提供することができます。

　子どもたちをどのようにアセスメントしていいのかわからない。どのように指導していいのかわからない。教師も困ったときには、一人で抱え込まず、同僚や専門職に相談することが大切です。

楽しい！またやりたい！と思える機会を提供する

　私たち教師が子どもたちと過ごす中で忘れてはならない目標があります。それは、すべての子どもたちの自立と社会参加を目指すことです。社会で活躍するための土台となるのが、生活や学習をしていく意欲です。ポジティブな気持ち、前向きな気持ち、自信、自己肯定感、自己有用感など、自分自身を肯定することができる気持ちを育むことが何よりも大切です。その手助けができるのは、保護者であり、教師です。

　教師には、そのための成功体験の場を用意する役割があります。子どもたちが「自分には、どの学び方が効果的で効率的なのかを知る」、その機会を提供できることは学校教育の大きな役割のひとつだと考えます。

　本書で紹介するトレーニングについても、「全員に絶対に効果がある」という捉え方ではなく、たくさんあるトレーニングや学び方の中のひとつの視点として捉えてください。

1回1分からできるトレーニング

　本書で紹介するトレーニングは、短時間で実施することが可能です。集団であっても個別であっても、子どもたちと一緒に楽しく取り組むことができます。授業中に少し疲れてきているな……と感じたときには、「どうして集中していないんだ」と叱責をする前に、一度手を止めてリフレッシュタイムとして取り入れてみてもいいかもしれません。

　また、準備物のいらないトレーニングが多いので、授業の開始に、合間に、ごほうびタイムに、朝の会の時間に、帰りの会の時間に、自立活動の授業時間に、さまざまな場面で取り入れることができます。

通常学級における集団学習の活用場面

授業中にリフレッシュタイムとして

　45分間の授業で、活動が切り替わる場面や集中して取り組んでほしい場面にリフレッシュタイムを取り入れることで、子どもたちの集中力を向上させることが期待できます。

　通常学級では、児童数に対して、一人ひとりのスペースが限られているので、着席した状態であっても、取り入れることができるトレーニングを紹介しています。

　また、授業中以外でも、休み時間や家庭学習などの時間に取り組むこともできます。まずは、教師や保護者と一緒に取り組んでみることが大切です。

特別支援学級における少人数学習の活用場面

個々の実態に応じて取り入れる

　個々の実態がさまざまであることから、自立活動の個別学習の時間や教科学習のひとつの学習として取り入れるなど、実態に応じた学び方を設定することが大切です。

　たとえば、教科書を読む学習の前に「読むこと」につながるトレーニングを組み込む、新しい漢字の学習の前に「書くこと」につながるトレーニングを組み込む、など学習の前に取り入れることで、「見る」ことへの意識を向上させることも効果的な学び方のひとつです。

　また、朝の会や帰りの会などに取り入れ、継続的に続けることで効果が期待できます。

7 「リフレッシュタイム」 授業中の集中力をアップ!

動画は
こちら

授業中に子どもたちが疲れた様子を見せることがあります。そんなときは、適度な休息をとることで学習効率をアップさせることができます。

疲れる前に予防的にリフレッシュタイムを入れる

　子どもたちは、1回の授業で45分間の集中をしています。大人でも45分着席して学習を続けることは難しいです。子どもたちが疲れてしまう前に、予防的にリフレッシュタイムを取り入れていきます。

　1分程度でできる活動です。授業中に、自分の席に着席し、そのスペースの中で実施することが可能です。

目だけではなく、首や肩まわりもリラックス

　学習をするために必要な力は、視機能だけではありません。同じ姿勢で長時間座っていると、眼球はもちろん、首や肩や腰など、体が痛くなってきてしまいます。首や肩まわりをほぐすことで、気分転換やリラックスにつながり、集中力を高めることができます。

リラックスタイムの進め方

★目的を伝える
★時間を決める
★教師が見本を見せる
★強制はしない
★笑顔でおだやかに取り組む
★それぞれができる範囲の動きで取り組む

ぎゅーしてぱっ！

まばたきするときの筋肉を動かしてピントを整えよう。**1**～**2**を３セット行います。

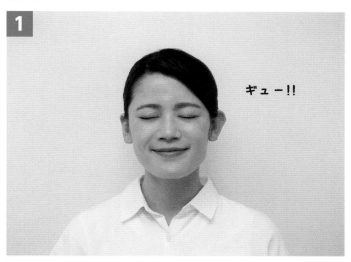

ギュー!!

やさしく、２秒間目をとじます。

パッ!!

目と口を大きくひらきます。

ぱちぱちウィンクのポーズ！

片目ずつ動かして、左目、右目をそれぞれ意識します。左右3セットずつ行います。指を使っても大丈夫です。

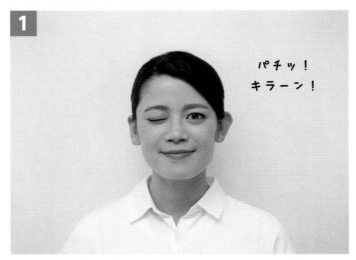

ウィンクします。むずかしいときは両目をつむっても大丈夫です。

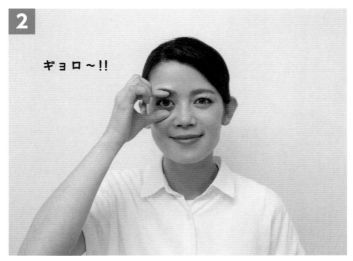

やさしく指でおさえて、目のまわりをひろげます。

まぶしい！きつねさんのポーズ

左右の目尻を指で動かして、目の筋肉をほぐします。**1**〜**2**を2秒ずつ5セット行います。

目尻を上げてきつねさんの目にします。

目尻を下げてパンダさんの目にします。

あっかんべーのポーズ

下まぶたと上まぶたをマッサージしてほぐします。指をやさしくゆらしながら、1〜2秒ずつ5セット行います。

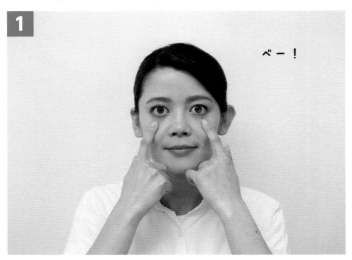

下まぶたを指で動かして、ほぐします。

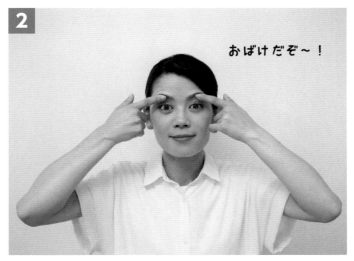

上まぶたを指で動かしてほぐします。

● ぎゅーっとまるめてうーんとのばすポーズ ●

着席したまま上半身のストレッチをします。**1**〜**2**を3セット行います。

ぎゅ〜

自分をだきしめるように手を背中にまわします。

ピーン！

手を頭のうしろで組んだまま、腕をひろげて、上半身をのばします。

「p」と「q」のポーズ

首の筋肉をのばして柔軟にします。首や肩のコリをほぐします。**1**〜**2**を5秒ずつ3セット行います。

左手で右の耳の上をおさえ、左にゆっくり頭を倒して急がずにゆっくり動かし、ゆっくりのばします。

反対側も耳よりも上の位置を支え、急がずにゆっくり動かし、ゆっくりのばします。

ちょうちょで肩まわしのポーズ

肩のまわりの筋肉をほぐします。着席してできるストレッチです。ひらいてとじて**1**〜**2**を合計 20 回行います。

ひらいて

肩に手をあてて胸をひらくように、ひじを外側に動かします。

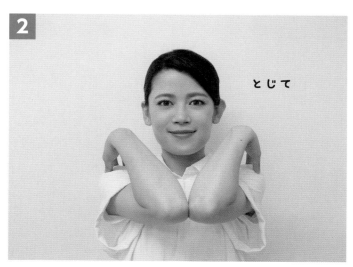

とじて

左右のひじをくっつけて肩をまるめます。

コラム 1 人を人として大切にしよう

　教師は、子どもたちにとって最大の人的環境です。

　たとえば、私たちが感情の起伏が激しく怒りっぽく、理不尽で不公平であれば、子どもたちの毎日は、恐怖と不安が襲うでしょう。私たちが、あたたかい笑顔と、共感の心をもっていれば、子どもたちの毎日は、安心と信頼に包まれるでしょう。

　私たちの言動ひとつで子どもたちの毎日は大きく変化します。そして、毎日が積み重なって将来の姿につながっていきます。子どもたちが大人になったとき、人が人を大切にできる社会になるように、まずは、私たち教師が、「人として尊重する言動」で子どもたち一人ひとりと関わっていくことが重要です。

　「特別支援学級だから運動会は一緒に実施しなくてもいい」「あの子は障害児だから支援をしよう」「あの子は診断名があるから、できなくてもいい」など、区別・差別するような言葉は、聞いているだけで心が痛みます。子どもたちはどんな気持ちでしょうか。教育現場の中で、こういった言葉が聞こえてきたら人的環境について考えるきっかけにしてほしいです。

　学校教育において、人を人として大切にする土台となるのは、すべての子どもたちを地域の一員として、学校の一員として、学年の一員として、学級の一員として意識することだと思います。

　どの学びの場で学習をしていたとしても、同じ時代を生きる仲間として、すべての人がすべての人を尊重できる社会になるように、私たち教師は、子どもたちの環境のひとつであることを自覚し、日々の教育・支援を充実させていきましょう。

第 2 章

目と手で「見る」トレーニング

1 「トレーニングの前に」 眼球の動きをチェック

眼球の動きは目視で確認することができます。学習を始める前に眼球運動について確認をすることが「見る見るトレーニング」の第一歩です。

見る見るトレーニングを始める前に

　眼球はどのように動いているのでしょうか？　私たちは、無意識のうちに眼球を動かして、見たいと思っている位置を見ています。当たり前のように感じるかもしれませんが、スムーズに本を読んだり、目標の位置をすばやく見つけたり、生活や学習で活用されているとても大切な力だといえます。

眼球の動きをアセスメントする

①着席、起立、どちらにしても安定した姿勢で行います。
②見る方向へ顔が一緒に動かないようにします。
③上下の眼球の動きを確認します。
④左右の眼球の動きを確認します。
⑤斜めの眼球の動きを確認します。

眼球の動きをアセスメントする際のポイント

　言語指示だけでは、どの方向を見ていいのか理解が難しい場合は、教師が見る目標（りんごのイラストなど）となるものを手に持って、行うとよいでしょう。目標を少しずつ上に上げていくなど、「見ること」の動作を理解させ、楽しく取り組むことができるようにします。また、見る方向へ顔が一緒に動いてしまう場合には、子どもたちが自分の手であごを押さえることで、眼球の動きを確認できます。

上下左右の眼球運動を確認しよう

同じポーズしてみたり、手を合わせてみたり、眼球の動きを確認します。

1

グッドとピース
まねっこをしてみよう！

あそびのように楽しく行います。教師のまねをしてみましょう。

2

黒目の動きに注目。
左右が同じ方向を
見ているか確認

眼球の動きと首のゆれ方を確認します。あごの位置が動かな
いように声をかけます。

環境調整で集中できる空間をつくる

★まぶしいと感じない明るさで、直射日光が当たらない場所
★教師の背面は、すっきりしている刺激量の少ない壁に
★雑音が少なく、砂埃などが舞っていない室内
★狭すぎず、パーソナルスペースが守られた空間

顔を安定させて、眼球の動きを観察

ひじを机に置き、あごの位置がズレないようにします。顔全体を動かしている様子が見られたら、目だけの動きに集中できるように支援します。

頬づえをつかせて顔の位置を安定させる

顔を安定させることができたら、向かい合って眼球の動きを観察します。

上下左右の眼球の動きを確認する

両目の眼球の動きを見るためにまずは見本を示します。子どもたちは見る目標があると取り組みやすいため、教師がお手本を示しましょう。

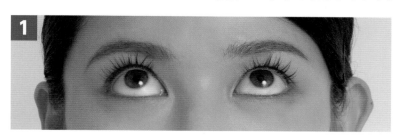

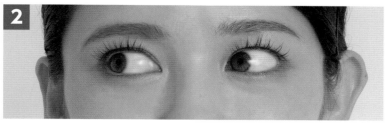

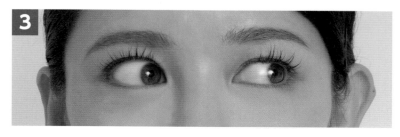

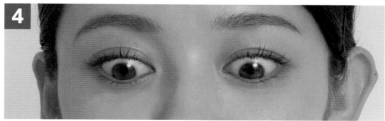

指示された方向に目を動かします。上下左右をまんべんなく見ることができるようにします。**1**〜**4**を合計20回ほど行います。

2 「ウォーミングアップ」いつでもリフレッシュ

動画はこちら

授業の開始のタイミングで導入として実施します。授業中に疲れが見えてきたときの、心と目のリフレッシュとしても効果的です。

トレーニングのねらい

✔ ひとつの目標を見ることができる　✔ 首の筋肉をほぐす

見る見るトレーニングを開始する前に行います。眼球にアプローチをしながら、首まわりの筋肉をほぐす効果もあります。

トレーニングの方法

①両腕をのばし、両手で握手をするポーズをします。
②両手で握手をした位置を見る目標として設定します。
③目標を見続けながら首を上下に 10 回動かします。
④目標を見続けながら首を左右に 10 回動かします。
⑤目標を見続けながら首を 5 回ずつまわします。
⑥目をぎゅっとつむって、ぱっと開いたら完了です。

子どもたちに無理のない目標を設定しよう

　両腕をのばし、両手で握手をした位置を設定することで、遠すぎず、近すぎない距離に目標を設定することができます。両手で握手以外にも、右手の親指と左手の親指をくっつけてみたり、右手の人差し指と左手の人差し指をくっつけてみたりして、アレンジしながら無理なく見続けることができるようにします。

両手で「見続ける目標」をつくろう

楽しくポーズ（目標）をとりながら行います。

かいがらのポーズ

おやゆびタッチの
ポーズ

タワーのポーズ

● 首をくるくるまわしてウォーミングアップ ●

両腕と上半身は動かさないようにします。首だけを**1**〜**4**のように5周
まわします。

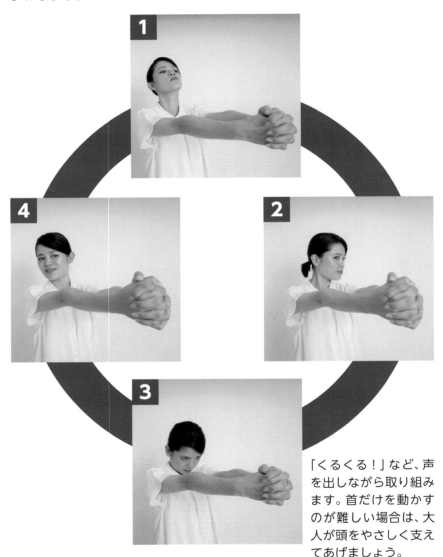

「くるくる！」など、声
を出しながら取り組み
ます。首だけを動かす
のが難しい場合は、大
人が頭をやさしく支え
てあげましょう。

集中力も向上するウォーミングアップです。

目標を見続けながら、首を動かすことが難しい場合

　「目標を見続けながら、首を動かす」という2つの行動を一緒に行うことが難しい場合には、どちらかに集中できるように支援をします。たとえば、子どもの前方に鏡を設置し、教師が子どもたちの背後に立ちます。「先生の目を見ててね」と声をかけながら、教師がやさしく子どもの首を動かします。首を動かすことを支援することで、目標を見続けることができるようにしましょう。

　また、授業中にほっと一息リラックスタイムを導入すると、集中力アップの効果が期待できます。第1学年を例にあげると、1日の授業時間中、45分間×5時間着席して学習をしています。この長時間、大人でも集中力を維持することは、なかなか難しいのではないでしょうか？「姿勢を正しなさい」と注意する前に、首をまわしたり、腕を上にのばしてみたり、数秒でいいので、リラックスする時間を設定することがおすすめです。

③ 「じーっと追いかける」 線を描くように見る

動画はこちら

じーっと追いかけるように見る眼球運動です。目標を見続ける力は、文字を書く、ボールをキャッチするなどさまざまな学習の土台となります。

トレーニングのねらい

✔ **目をスムーズに動かして、見たい目標に視線を合わせる**

黒板に文字を書く教師の手の動きを目で追う、転がっているボールを目で追うなど、学習や生活の場面で目標を見失うことのないようにします。

トレーニングの方法

①自分で見る目標「指のポーズ」を決めます。
②親指で「good のポーズ」、人差し指で「1 のポーズ」など、無理なく見ることができるポーズを決めます。
③目標を目で追いかけながら、片手を上下に 10 回動かします。
④目標を目で追いかけながら、片手を左右に 10 回動かします。
⑤目標を目で追いかけながら、片手を斜めに 10 回動かします。
⑥目をぎゅっとつむって、ぱっと開けてリラックスします。

指のポーズの例

指のポーズはある程度の時間、固定しておけるものにします。

★ good のポーズ

★ 1 のポーズ

★ ok のポーズ

じーっと目を動かすトレーニング（上下）

指を横向きにすると、腕がつかれにくくなります。**1**～**2**を20回行います。

上・下・上・下
と交互に動かします

上下する指をじーっと見続けます。

ひじをのばして、
つめを見ましょう

速いスピードよりも、指をゆっくりと動かして見続けるほう
が効果的です。

じーっと目を動かすトレーニング（左右）

指のつめが目の高さ、指の第2間接が鼻の高さになるようにします。左右にゆっくりと**1**～**2**を 20 回行います。

> 無理のない幅で
> 左右に動かします

肩に力が入らないようにリラックスしてください。

> あごを動かさないように
> 気をつけます

腕がつかれたら、反対側の腕にしましょう。

自分で手（見る目標）を動かすことが難しい場合

　子どもと向かい合わせに教師が立ち（または着席）、見る目標として理解しやすい教材を活用します。子どもがよく知っている教材を選択することで、意欲的に楽しく活動をすることができます。

● 見る目標として子どもたちの人気が高い教材 ●

鉛筆の先端にフェルトボール

原色のスーパーボール

ミニセロハンテープの芯

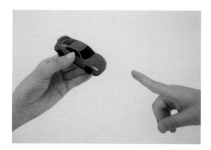

ミニカーや好きなキャラクターなど

　教材を自作するときには、色やサイズ感などを子どもたちと相談しながら作成すると、一人ひとりの教育的ニーズに合った教材を作成することができます。

4 「ぱっぱっと見つける」
跳ぶように見る

動画は
こちら

目標Aと目標Bを交互に見る運動です。板書されている文字をノートに
視写する力など、読む力を中心に能力の向上を目指します。

トレーニングのねらい

✔ 見たい目標にすばやく目を動かす

トレーニングの方法

①右手と左手の親指を確認します。
②上下のトレーニングでは、人差し指を横向きにします。
③左右のトレーニングでは、親指を縦向きにします。
④斜めのトレーニングでは、角度に応じて人差し指の向きを調整します。
⑤子どものペースに合わせて、右手と左手を交互に見ます。
⑥教師のペースに合わせて、右手と左手を交互に見ます。

腕がぐらぐら揺れてしまうときのポイント

　左右の目をすばやく移動させて、右手と左手の目標を交互に見るト
レーニングです。首を動かさないように、意識をしながら取り組みましょ
う。難易度の調整をする際には、まずは、自分のペースで自由に目を動
かします。次に、「1・2・1・2・1・2・・・」と自分で声を出し
ながら目を動かします。さらには、教師のリズムで目を動かすと、しっ
かり鍛えることができます。

　右手と左手を一定時間止めておくことが難しい場合には、「教師が手
を添える」「子どものひじを机の上に置いて固定する」など、見る位置
を安定させると、目標に向けて目を動かしやすくなります。

ぱっぱっと目を動かすトレーニング（上下）

眼球を上下にすばやく視線移動することができるようにします。 **1**〜**2** を交互に 10 回ずつ、3 セット行います。

上の手は頭の高さにします

すばやく、ぱっぱっと目を動かすことを意識します。

下の手は胸の高さにします

両手の人差し指を交互に見ます。

● ぱっぱっと目を動かすトレーニング（左右）●

眼球を左右にすばやく視線移動することができるようにします。

上下と同じように
左右を交互に見る

つめの位置が目の高さにくるように調整します。

● ぱっぱっと目を動かすトレーニング（斜め）●

視線の動きが斜めになるように、手（目標）の位置を設定します。

高さや幅は
見やすい位置で
固定する

斜めにするときには、指の向きを見やすいように調整します。

見る目標に物的環境調整の視点を！！

見る目標は、指ではなく、教材を使うこともできます。教師が教材を子どもに見せ、子どもはその教材を目で追います。指と同じように、教材はリズムよく見せましょう。

1 色を分ける

子どもたちが識別できる色を使います。なじみのある色にしましょう。

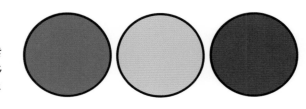

2 形を分ける

子どもたちが識別できる形を使います。似ている形はやめましょう。

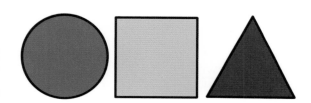

3 キャラクター（乗り物なども可）を分ける

子どもたちが好きな食べ物やキャラクターなどを使用して楽しく取り組みます。

※教材を見せるときは、教材名を口に出して行うと、リズムよく実践できます。ただし、名前が長いとスピード感がなくなってしまいます。ぱっぱっと見る動きのため、できるだけ短い名前のものを選択しましょう。
リズムよく呼ぶのが難しい組み合わせ
例：乗り物　消防指揮車と路面清掃車
例：国名　パプアニューギニアとコートジボワール

5 「近くと遠くを繰り返し見る」 焦点（ピント）を合わせる

動画は
こちら

近くのものを見たり、遠くのものを見たり、焦点（ピント）を合わせる
力は、ノートと黒板を交互に見る力の向上に役立ちます。

トレーニングのねらい

✔ 両目のチームワークを高める

近くのものを見たり、遠くのものを見たり、見たい目標の距離に応
じて焦点（ピント）を合わせることができるようにトレーニングをし
ます。近くにある目標と、遠くにある目標を交互に見ることで、寄
り目と離し目の動きをスムーズにします。

トレーニングの方法

①両手が体の前で一直線になるように、体から近い位置と遠い位置
に設定して、保ちます。
②親指や人差し指など、片手ごとに見る目標を決めます。
③近い目標と遠い目標を、交互に 10 回見ます。
④ぎゅっと目を閉じて、ぱっと開いて完了です。

日常の様子からアセスメントを考える

　普段の生活や学習の中で、「目が疲れやすい」「ノートに文字を書いて
いて、急に黒板を見たら見えにくい」「文字が二重に見えてしまう」など、
困り感のある子に出会ったら、焦点（ピント）を合わせるトレーニング
を進めながら目の動きをアセスメントしてみることも大切です。

近くと遠くを見るトレーニング

ピントの調整ができるように、手前と奥に教材をもって行うこともできます。交互に教材を見る動きを 10 回 2 セット行います。

近い教材は目で見える距離にします

はっきりとした色の教材を使用しましょう。

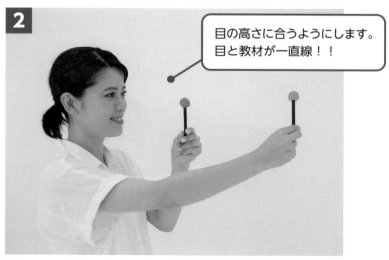

目の高さに合うようにします。目と教材が一直線！！

「1・2・1・2」など、声を出しながら、リズムよく行います。

● 遠くを見よう！ターゲットはどこだ？ ●

片手で穴をつくってのぞいてみると、ワクワクします。穴をのぞきながら、近くにあるものを見つけてトレーニングします。

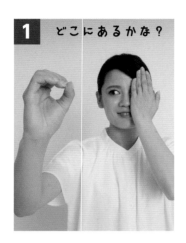 

ピントの調整を身近にあるものでやってみる

　遠くを見ること、近くを見ることを繰り返していくと、両目のチームワークが向上していき、スムーズにピントを合わせることができるようになってきます。身近にあるものを机に並べるだけでも、トレーニングを開始することができます。

　教材を設置したら、子どものあごを机にのせて顔を安定させ、近い目標と遠い目標を交互に見るトレーニングを開始します。

　わかりやすい教材を自作すれば、子どもたちもあきずに取り組めます。さらに、ビーズや人形など、子どもたちが好きなものだと、意欲も向上します。

教材を自作することもできる

例：チップとビーズでピント合わせ！

近くと遠くにある教材にピントを合わせます。

> あごを机にくっつけると、
> 顔が安定して集中できます

紙に子どもたちが知っているお花などを描いたチップを3つ用意します。距離が遠い、近い、真ん中に配置して、直線になるように置きます。教師が指差していきます。

例：ひもとビーズでピント合わせ！！

子どもと教師でひもを持ち、まっすぐにすることで、ピント調整のトレーニングをします。3つのビーズを順番に見ていきましょう。

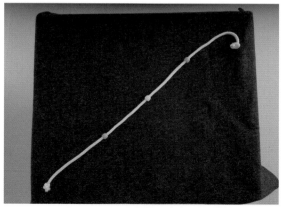

対象物の色を変えると教師の指示が伝わりやすくなります。

6 「見る力で空間を把握」 視空間認知にアプローチ

見たい対象（図）と背景（地）を区別すること、同じ形や文字を認識することなど、学習の基盤となる力を鍛えます。

トレーニングのねらい

✔ ノートのマス目にバランスよく文字を書くことができる
✔ 自分と対象（目標）の位置関係を把握することができる

目から入力された情報は、脳に伝達されて「認識」されます。形の輪郭や色を把握したり、同じ形や違う形を区別したりする脳の働きです。学習の基礎となるため、どんどんこの力を伸ばしていきましょう。

トレーニングの方法

①手でつかみやすい紙コップを用意します。
②テープで「田」の形のマス目を作ります。
③教師がマス目にポンポンなどを置き見本を示します。
④教師の見本と同じ位置に紙コップを置きます。
⑤ひとつずつ「左上は？」「右下は？」など声をかけながら確認をします。

誤答をしてしまったときの声かけ

正解があるようなトレーニングの場合には、ついつい「正解！不正解！」の意識になってしまうことがありますが、「今のその子の見え方」があることを前提に、声かけをすることが大切です。

「一緒に置いてみよう」「（指差ししながら）こことここが同じだね」など、前向きな言葉をかけながら行い、否定をしないことが大切です。

紙コップはどこに置く？

見本と同じ位置を把握するトレーニングです。

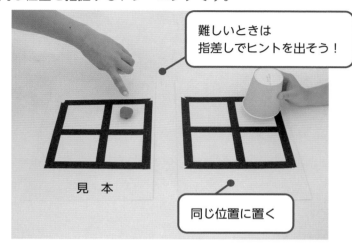

難しいときは
指差しでヒントを出そう！

見 本

同じ位置に置く

紙コップやポンポンなど身近な教材で取り組みましょう。

赤いポンポンはどこにあるかな？

クラス全員に出題し、みんなで取り組むこともできます。

上かな？下かな？
どこにあるかな？

クラスの広さや人数によって教材の大きさを調整します。

⑦ 「見て認識して体を動かす」目と体の連動を目指す

「目で見る（入力）→脳で認識する（処理）→体を動かす（出力）」、一連の流れがスムーズになるよう、目と体の連動力の向上を目指します。

トレーニングのねらい

✔ **目で見た対象に向かって、求められているように体を動かす**
ボールや教師の手を自分の手でタッチをする、教師のまねをしてポーズをとるなど、スムーズに体を動かすことを目指します。

トレーニングの方法

① 教師がモデルを示します。
② 教師のモデルを模倣して、子どもたちが体を動かします。

支援のポイント

　子どもたちの実態に合わせて、難易度を複数用意することが大切です。特に一斉指導の場面では、子どもたちが自分でどの動きに挑戦するのかを選択できる学級の雰囲気が、土台にあることが望ましいです。

　選択をするときには、他者と比較するような難易度のレベル分けをするのではなく、「赤の試練」「青の試練」など、ゲーム性を盛り込みながら、前回の自分と今回の自分を比較（個人の成長）できるような選択肢を設定します。

〈ステップ1〉　　〈ステップ2〉　　　〈ステップ3〉　　　〈ステップ4〉
　静止　　→　　前後など　→　8の字にまわす　→　　教師が
　　　　　　　　単調な動き　　　など複雑な動き　　歩きながら示す

ゆらゆらボールをタッチ

ステップ1からステップ4まで難易度を調整します。

全身を使って
タッチ！！

手と手をタッチ

子どもたちの様子に合わせて、的になる対象物の面積を広くしたり狭くしたりします。手のひらは広い的に、指だと狭い的になります。

先生の手をタッチ
してみよう！

手のひらだと簡単。指と指をタッチだと難しくなります。

自分の体について知る

　視空間認知や目と体の連動力にアプローチすることと同様に、自分の体についてイメージをもつことも大切です。「人や物にぶつかってしまうことが多い」「教師の見本を見ながらダンスをすることが難しい」などの困り感が見られる場合には、自分の体についてイメージを深めることができるようにスモールステップで取り組んでいきます。

スモールステップで取り組もう

　まずは、自分の体に触れることから始めます。「鼻はどこかな？」「足のつま先はどこかな？」などの手遊びをしながら、「手を伸ばしたときの長さはどれくらいかな？」「歩いている歩幅は？」「どんなポーズかな？」など、自分の体について知る活動を提供していきます。手遊び歌などに合わせて自分の体に触れるなど、子どもたちの実態に合わせてアレンジをすると楽しく活動することができます。

● 入力→処理→出力の流れを確認しよう ●

　教師がポーズ（モデル）を示して、子どもがまねをするのも効果的です。まねをする過程で、「入力→処理→出力」のステップを楽しく実践することができます。

1 見る！（入力）

2 考える！（処理）

まねっこしよう！　はいポーズ！

ボディイメージを高めます。全身を使ってまねをします。

立っていても着席していても楽しいです。

3 ポーズ！（出力）

8 「何が描かれていたかな?」意識して見る

「じーっと追いかけて見る力」を活用しながら、注視するトレーニングです。楽しい活動を通して、見るという意識の向上を目指します。

トレーニングのねらい

✔ 見る対象に注意を向けることを目指す

授業の導入時や活動が切り替わるタイミングで「何が書いてあった?」「だれがいたかな?」など、ゲーム感覚で取り組むことで、子どもたちは楽しく注意を向けることができます。

トレーニングの方法

①うちわや画用紙などに文字や絵を書きます。
②子どもたち全員に見えるように、うちわなどをもちます。
③少ない文字などであれば、うちわを1秒〜2秒程度見せてから、隠します。
④子どもたちに何が書かれていたかを問いかけ、答え合わせをします。

支援のポイント

　子どもたちは、知的好奇心でいっぱいです。授業中に注目してほしいとき、一斉に指示を出したいとき、「聞いてください」だけでは、指示が通りにくいことがあります。どんな楽しいことが待っているのか期待感をもつことができるように「〜について話をします」「〜の活動をします」など目的語をつけるだけで指示が明確になり、教師に意識を向けやすくなります。

くるくるクイズ　何が描かれていたかな？

集中力を使って見るトレーニングです。短期記憶で脳にアプローチ！！

うちわは画用紙などで手作りできます。

クラスみんなでやっても楽しいです。

コラム 2

就学相談におけるアセスメントの重要性を知ろう

数値のみを見るのではなく、子ども自身を見ることが大切です。

ここではインフォーマルアセスメントとフォーマルアセスメントの重要性について考えます。

さまざまな自治体で「就学相談の制度」について相談を受けることがあります。もちろん、就学相談の制度については、自治体ごとの制度に沿って進めていくのですが、フォーマルアセスメント（知能検査、発達検査、言語検査など、標準化尺度、検査用具、検査用紙を用いたアセスメント。信頼性や妥当性が優れている）の結果の解釈と就学相談への影響力の違いについては疑問を感じることもあります。それは、検査の数値のみで就学先を決定する場合です。「一定の数字以上であれば通常学級」「一定の数字以下であれば知的障害特別支援学級」のように、数値で就学先を判別しているケースがあり、違和感を感じています。

フォーマルアセスメントは、「子どもたちを知るための情報のひとつであり、その情報は数値だけではなく、検査中の様子や項目から読み解ける解釈を知ることが重要である」という意識を教育関係者がもつことが必要でしょう。

そこで、重要になってくるのがインフォーマルアセスメントです。日々の様子、学習の記録、発達の記録、絵画や制作などの遊び（学び）の記録、関係者の意見書など、その子の良さや困り感について、多角的な視点から知ることが大切です。

就学相談では、本人や保護者の思いを尊重し、教育的ニーズに合わせた学びの場を選択できることが望ましいと考えます。

第 **3** 章

目と手で「読む」トレーニング

① 「読むことにつながる力」 指導場面の支援を考える

文章を読むときは、文字から文字へと跳ぶように眼球を動かしています。すばやく、見たい目標に視点を合わせることを目指すトレーニングです。

読むことが難しいと思われる場面

▶教科書を読んでいるときに行を飛ばす、同じ行を読んでしまう。
▶読んでいるときに頭が揺れている。
▶１文字ずつ、ゆっくりと、たどたどしく読んでいる。　　　など

トレーニングのねらい

✔ 黒板とノートを交互に見ながら視写をする
✔ 教科書を友達と順番に読んでいく　など

授業中には、「読む」場面がたくさんあります。見たい対象にぱっと視線を動かすことができる力の向上を目指します。

環境調整のポイント

　自立活動の時間や授業の隙間時間、家庭学習などで読む力の改善・向上を目指すトレーニングを取り入れながら、即効性のある環境調整を進めることが大切です。それぞれの授業の目標が達成できるように「読む」ための支援をします。

❶ 読んでいる行を、定規で押さえる。**(視覚刺激の軽減)**
❷ 読んでいる文字の横を、指差しする。**(触覚支援)**
❸ 奇数の行には、蛍光ペンでマーカーをする。**(色の調整)**
❹ 紙の裏側が反射しないように、黒色の下敷きを使用する。**(光の調整)**
❺ 手作りワークシートの場合は、文字間や行間に配慮する。**(平面空間の調整)**

こんな場面に取り入れよう！

音読することに自信がなく、たどたどしく読むＡさんの事例
キーワード：眼球運動

　休み時間には、鬼ごっこやかくれんぼなど、クラスの友達と一緒に元気いっぱいに遊ぶ姿が見られるＡさんです。

　でも、国語の授業になると、表情が暗くなってしまいます。特に音読の時間になると表情が険しくなり、うつむいています。Ａさんが読む順番になると、つっかえてしまったり、行を飛ばして読んでしまったりしています。教師との個別指導をしても、読んでいる場所がわからなくなってしまうなど、困り感が見られます。

　そこで指導の中で、「読む位置がわかりやすくなるように」読んでいる位置に指を添えたり、読まない行を定規で隠したり支援をすると、表情が明るくなり自分のペースで読むことができました。さらに、読む力の土台となる眼球運動を取り入れた学習を計画することにしました。

　P.71のワークシートを使い、次のように段階を踏んでステップアップしていきます。

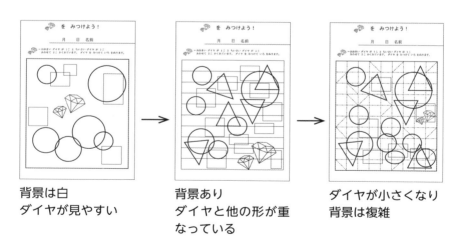

背景は白
ダイヤが見やすい

背景あり
ダイヤと他の形が重なっている

ダイヤが小さくなり
背景は複雑

第**3**章

目と手で「読む」トレーニング

2 「ダイヤを探そう」 見たい対象と背景を区別する

やり方は
こちら

対象（図）と背景（地）を認識する力の向上を目指します。円や三角形、ダイヤなど、子どもが親しみやすい「図」で楽しく取り組みます。

トレーニングのねらい

✔ 見たい目標である「対象」を見つけることができる
✔ 「対象」と「背景」を認識し、それぞれを区別することができる

トレーニングの方法

①子どもの知っている対象（図）を確認（把握）しておきます。

②見つける目標である対象（図）を、子どもと一緒に確認します。

③問題の中にある見本と、同じ対象（図）を見つけます。

※指差しや口頭で答えるだけではなく、見つけた対象の上におはじきを置く、対象に色をぬる、対象の輪郭を色鉛筆でなぞる、などすると認識がしやすくなります。

④教師と一緒に対象（図）と背景（地）を確認します。

支援のポイント

子どもたちが知っている形の図を使い、楽しく行うことが大切です。初めは、対象を好きなキャラクターにしてかくれんぼをしてみる、カラー印刷にして対象のみに色をつけるなど、「対象を探すことが学びであることを理解」してから、モノクロの課題に取り組むこともポイント。子どもの実態に合わせて、「対象と背景の線の太さに差をつける」「線の本数を少なくする」などカスタマイズすることが重要です。

ワークシート

 を みつけよう！

月　　　日　名前

 ←おおきい ダイヤ が 1こ と ちいさい ダイヤ が 1こ
あわせて 2こ かくれています。 ダイヤ を みつけて いろ をぬります。

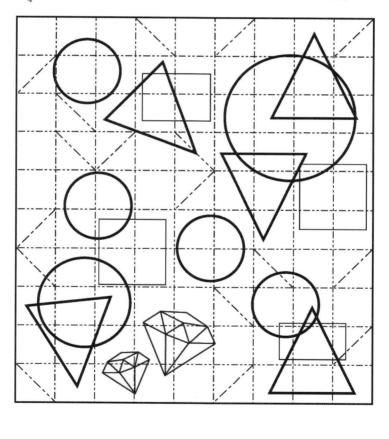

3 「文字文字かくれんぼ」
同じ形・文字を把握する

やり方は
こちら

隠れている1文字だけを探し出します。慣れてきたらタイムアタックをしたり、文字を増やしたりすることで、楽しく取り組めます。

トレーニングのねらい

- ✔ ぱっぱっと視線をあちこちに動かす
- ✔ 目標とする文字を眼球運動で探すことができる

トレーニングの方法

①探す文字と数を確認します。

※例：「め」の中から「ぬ」を5個 探します。

②隠れている文字を探します。

③教師と一緒に答えの確認をします。

支援のポイント

　ぱっぱっと飛ぶように眼球を動かす動きは、読書をするときや探し物を見つけるときなど、日々の学習や生活の場で活用しています。文字を探すことが難しい場合は、「◎の中から○を探す」など文字や図形の画数を減らして難易度を調整します。逆に、「『離』の中から『難』を探す」など、難しい方向に難易度を調整することもできます。

　一斉指導で取り組む際には、自分に合った課題を選択できるように、複数パターンを用意しておくと、子どもたちが自分のペースに合わせて主体的に取り組むことができます。また、文字量、文字の大きさ、文字の書体などもカスタマイズして、子どもたちの実態に合わせることが大切です。

ワークシート

ぬ を さがします。

↑

月　　日　名前

めめめめめめめめめめめめめめめ
めめめめめめめめめめめめめめめ
めめめめめめめめめめめめめぬめ
めめぬめめめめめめめめめめめめ
めめめめめめめめめめめめめめめ
めめめめめめめめめめめめめめめ
めめめめめめめめめめめめめめめ
めめめめめめめめめめめめめめめ
めめめめめぬめめめめめめめめめ
めめめめめめめめめめめめめめめ
めめめめめめめめめめめめぬめめ
めめめめめめめめめめめめめめめ
めめめめめめめめめめめめめめめ
めぬめめめめめめめめめめめめめ
めめめめめめめめめめめめめめめ
めめめめめめめめめめめめめめめ

「蛍光ペンでなぞろう」 読みたい行を見る

4

やり方は こちら

「蛍光ペンを使用する」という特別感を味わえるトレーニングです。読んでいる行を認識しながら、視線を上手に移動させることを目指します。

トレーニングのねらい

✔ これから読む文字に、印（マーカー）をつけることができる
✔ 読み終えた行を認識することができる
✔ 行の最後の文字を読み終えたら、次の行の読み始める文字を見つけることができる

トレーニングの方法

①子どもが読みやすい色（見えやすい色）を確認します。
②読みやすい色の蛍光ペンを使用します。
③これから読む文章、文字に蛍光ペンでマーカーをします。
※ワークシートでは文章の下の ［　　　　　］ の部分にマーカーをひきます。
④マーカーをした文章、文字を読みます。
⑤最後の文字を読み終えるまで続けます。

支援のポイント

　子どもたちは、一人ひとり見え方が違います。今回のトレーニングは、読書をするときの支援としても活用することができます。子どもたちが、自分の見えやすい色の蛍光ペンを活用することは、「白い紙では、光が反射しすぎて見えづらい」「どの行を読んだかわからなくなってしまう」などの困り感が見られる場合に効果的な支援となるのです。

ワークシート

蛍光ペンを使って読もう！

月　　日　　名前

進め方

1. 文章を読みます。

2.→ ☐☐☐☐☐☐☐ に蛍光ペンで色をつけます。

ある日、小学校の砂場で、ともみさんとしげきさんは出会いました。やわらかな砂の

→ ☐☐☐☐☐☐☐☐☐☐☐☐☐

上で、お互いに笑顔を交わし、友達になりました。その日から、ふたりは毎日一緒に

→ ☐☐☐☐☐☐☐☐☐☐☐☐☐

遊び、楽しい思い出を作りました。二人の友情はずっと続き、小学校時代をともに過

→ ☐☐☐☐☐☐☐☐☐☐☐☐☐

ごしました。そして、二人は成長しても、あの日の出会いと思い出が胸に残っています。

進め方

1. これから読む部分に蛍光ペンで色をつけます。

2. 色のついている文章を読みます。

ある日、小学校の砂場で、ともみさんとしげきさんは出会いました。やわらかな砂の

上で、お互いに笑顔を交わし、友達になりました。その日から、ふたりは毎日一緒に

遊び、楽しい思い出を作りました。二人の友情はずっと続き、小学校時代をともに過

ごしました。そして、二人は成長しても、あの日の出会いと思い出が胸に残っています。

5 「文字を飛ばして読もう」 読みたい目標の文字を見る

やり方は
こちら

ワーキングメモリ（情報を一時的に記憶したり処理する能力）を活用し、文字を飛ばしながら読み、目標の位置へ視線をジャンプさせます。

トレーニングのねらい

✔ 目標とする位置へ視線を移動させることができる
✔ 決められた文字や言葉のみを飛ばして読むことができる

トレーニングの方法

①教師が読まない文字や言葉を伝えます。
②読まない文字や言葉を記憶します。
③文章を読みながら、読まない文字や言葉を飛ばして読みます。
④教師と一緒にどんなことが書いてあったか内容を振り返ります。

難易度を調整する方法

①読まない部分を明確にしたい場合は、「言葉探しゲーム」をします。
②たとえば「『りんご』だけ読まないで、次の文章を読みましょう」
という課題をつくります。
③「問題：『りんご』を見つけてまるで囲みましょう。『わたしのなまえは、まつだともみりんごです。』」という問題を出します。
④子どもが、『りんご』にまるをしたら、正解です。
　りんごにだけまるをすることができたら、「読まない部分（りんご）」が明確になるので、飛ばしながら読むこと（視線を次の目標にジャンプさせる）の難易度を調整することができます。読み終えたあとに、教師と一緒に読み直すことも、効果的な振り返りです。

✏ ワークシート

読まないで読むゲーム

月　　日　名前

問題　「き」　は読まない。

けいきさつかきん

きばいなっきぶる

しきょうがっきこう

問題　「松」　は読まない。

ともみさんが、私のこ松とを笑顔で見て松います。

「おはようござ松います。」とあいさつをしてく松れました。

問題　「田」　は読まない。

ある日、小学校の帰り道、ともみさん田としげきさんはケンカを田しました。二人は仲良しのはずなのに、田ともみさんがバッグを忘れてしまった田ことにしげきさんが怒りました。し田かし、しばらくして、ともみさんとしげきさんはお互いに思い出を振り返りま田した。思い出の中に田は、笑顔や楽しい時間がいくつも田ありました。その思い出を胸に語りながら、二人は仲直り田しました。そして、二人は再び笑顔で手をつ田なぎ、一緒に過ごす思い出を積み重ねて田いきました。

6 「ジグザグ数字読み」
読みたい目標をすばやく見る

やり方は
こちら

どんどん視線を移動させて、目標の位置を見るトレーニングです。タイムアタックをしても、盛り上がります。

トレーニングのねらい

✔ ぱっぱっと目を動かして、数字を見ることができる
✔ 決められた方向や順番に、視線を動かすことができる

トレーニングの方法

①ワークシートを用意します。
②教師と一緒に、数字を指差しながら読みます。
③教師と一緒に、矢印や順番を確認します。
④数字を順番に読みます。
⑤時間を計って、スタートからゴールまで読みます。
⑥教師と一緒にタイムを記録し、振り返りをします。

支援のポイント

　視線を動かす位置に、「矢印」を書いて示すことで、難易度を調整することができます。「ジグザグに読む」「左→右→左→右と交互に読む」など読み方のルールを理解できたら、矢印を書くのをやめ、少し難易度を上げます。数字の数を多くしたり、ランダムに配置したりすると、さらに難易度を上げることができます。日本では、左から右に文章を読む、上から下に文章を読む、という2パターンの方向へ読み進める機会が多いので、これを意識してワークシートを作成すると、子どもも取り組みやすいでしょう。

ワークシート

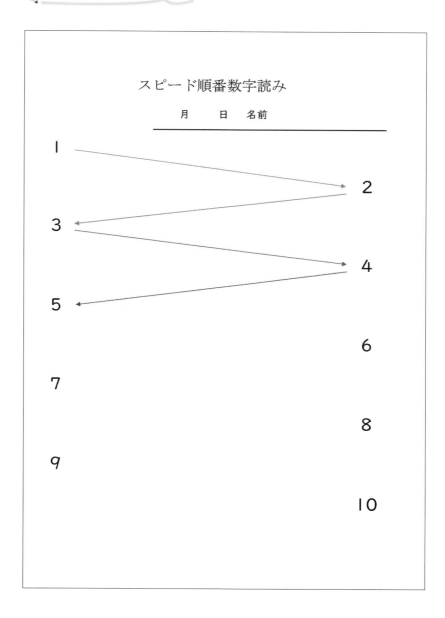

スピード順番数字読み

月　　日　名前

1
　　　　　　　　　　　　　　　2
3
　　　　　　　　　　　　　　　4
5
　　　　　　　　　　　　　　　6
7
　　　　　　　　　　　　　　　8
9
　　　　　　　　　　　　　　10

子どもたちの
強みを生かそう

　好きなことはなんですか？　得意なことはなんですか？

　私たち教師は、当たり前のように子どもたちに質問をします。しかし、子どもたちの中には、すぐに答えることができる子もいれば、時間をかけて悩んでしまう子もいます。

　私が考える「強み」とは、好きなこと、得意なこと、できること、知っていること、継続してきたこと、ほめられたことがあること、など生活や学習に生かせるすべてのことを「強み」としています。たとえば、「黄色が見やすい」というのもひとつの強みです。黒板に板書する際に黄色を使用することで視覚的な支援が効果的になるかもしれません。また、ノートの重要な言葉に黄色マーカーで色をつけることで、学習を振り返る際に見やすくすることができるかもしれません。

　強みとは、必ずしも得意なことや人よりも優れている能力ではないことを意識していきたいです。そういった意識が、子どもたちへの声かけに表現されていきます。誰かと比較するのではなく、一人ひとりの成長や学習過程などその子自身をほめることは、特別支援教育の人的環境の重要な要素です。

　教師は子どもに「さまざまな経験」をさせてあげることができる存在であり、子どもたちの「好き」や「できる」を見つけてあげることができる存在であることを忘れないでほしいです。

　読者の皆様の「強み」はなんですか？

　読者の皆様の目の前にいる子どもたちの「強み」はなんですか？

第 **4** 章

目と手で「書く」
トレーニング

1 「書くことの困り感を理解する」指導場面の支援を考える

文章を書くときには、漢字の書き順を追って見たり、空間的な位置を把握したりする力が必要です。書く力の向上を目指しましょう。

書くことが難しいと思われる場面

▶ノートのマス目に対して文字が極端に小さい、または大きくはみ出ている。

▶漢字を書くときに、画数が一本多い、または少ない。

▶紙の裏面に透けてしまうくらいの筆圧で書いてしまう。　　　　など

トレーニングのねらい

　✔ **書いてある文字を見たり、空間的な把握をしたりする力の向上**

授業中は、タブレットなどでタイピングする機会も増えましたが、黒板に板書された文字をノートに視写する力、自分の考えを「書く」力を伸ばすことも必要です。

環境調整のポイント

　「読む力」同様、「書く力」の改善・向上を目指すトレーニングも、自立活動の時間や授業の隙間時間、家庭学習などに取り入れながら、即効性のある環境調整を進めることが重要です。各授業の目標が達成できるように、「書く」ための支援をしていきましょう。

❶ 色のついているマス目ノートを活用する。（視覚支援）

❷ 位置がわかりやすい罫線付きの下敷きを活用する。（光の調整）

❸ ザラザラした下敷きを活用する。（触覚支援）

❹ 大量に書くのではなく、一文字を丁寧に書く。（学習の調整）

漢字がマス目からはみ出してしまう B さんの事例
キーワード：視空間認知

何事にも一生懸命で真面目な B さんです。苦手意識のあることにも前向きにチャレンジをする姿が見られます。でも、授業の中で、ノートのマス目の中に漢字を書いたり、自分の名前を書いたり、文字を書くことが難しく、マス目から大きくはみ出してしまったり、逆に小さく書いてしまったりするなど、困り感が見られました。

担任の教師と B さんは、一緒に相談をして、どこが難しいのかを確認していきました。相談していく中で、「マス目の位置や漢字の細かい部分がわかりにくい」と B さんが教えてくれました。

試しに、漢字ドリルでマス目の色と同じ色のマス目を使用してみると、書きやすくなりました。そして、書く力の土台となる平面の視空間認知にアプローチする学習を計画することにしました。

P.87 のワークシートでは、まず 2 × 2 の点図を使い、線を書くトレーニングを行いました。斜めの線も加えるなど、徐々に複雑なワークシートを取り入れ、難易度を上げていきました。

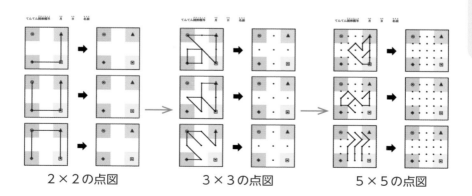

2 × 2 の点図　　　3 × 3 の点図　　　5 × 5 の点図

2 「シンプルな迷路」
運筆が上手になる

やり方は
こちら

迷路の壁にぶつからないように、くねくね、ぐるぐる、カクカク、手首や指をスムーズに活用しながら、視線も追いかけるトレーニングです。

トレーニングのねらい

- ✔ 迷路の壁にぶつからないように線を書くことができる
- ✔ 書いている位置を見ながら運筆をすることができる

トレーニングの方法

① ワークシートを用意します。
② 迷路のルールを確認します。
③ 迷路の壁にぶつかってはいけないことを確認します。
④ 使いやすい鉛筆を準備します。
⑤ スタートからゴールまで書き進めます。
⑥ 教師と一緒に書き終えた線を確認します。

支援のポイント

　文字を書く際には、「書いている部分（画数ごとの鉛筆の先端など）」をじーっと見続けています。同時に、平面の空間を認知しながら、書くという運動をしています。書くという行為は、とても高度な技術なのです。焦らずに楽しく取り組んでいくことが大切です。

　運筆をすることは、目だけではなく、手指の運動や書字スキルの向上も目指していることから、「壁にぶつかってはいけないよ」「線からはみ出たら、落っこちてしまうよ」など、子どもたちがイメージしやすい声かけをしながら、線を書くことができるように、支援していきます。

ワークシート

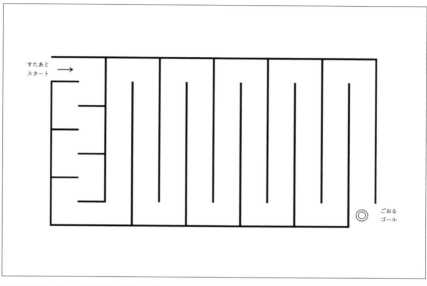

3 「カラーてんてん図形模写」
平面の空間を認知する

やり方は
こちら

視空間認知にアプローチする教材です。文字を書くことやノートのマス目に合わせて書くことが難しい場合などには、継続して取り組みます。

トレーニングのねらい

✔ 自分の書きやすいマス目を知ることができる
✔ 線の位置を把握することができる
✔ 見本と同じ位置に線を書くことができる

トレーニングの方法

①ワークシートを用意します。
②マス目の背景色や点（ドット）の形を確認します。
③見本の線を指でなぞります。
④見本と同じ位置に線を書きます。
⑤教師と一緒にできあがった形を確認します。

支援のポイント

　視空間認知のトレーニングを行うことで、書字の際に漢字の画数が一本多いなどのケアレスミスの改善ができます。子どもたちが「わざと間違っているわけではない」「理解しようと努力していても、それぞれの認知の形がある」ということを忘れずに、あたたかい声かけに努めます。

　反復練習を繰り返すよりも、少ない課題量で時間をかけて丁寧に行うことが重要です。子どもが書いている部分を、教師が指差しをして一緒に確認し、「点から点にすーっと書いてみよう」など声をかけながら取り組むと、子どもたちの集中力が高まります。

✏️ ワークシート

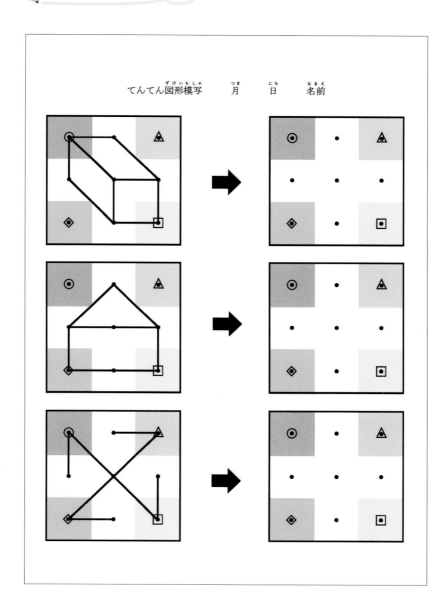

てんてん図形模写　　月　　日　　名前

第4章　目と手で「書く」トレーニング

「漢字を完成させよう」
文字のつくりに注目する

やり方は
こちら

漢字の画数が一本多い／少ないなどのケアレスミスが見られる場合に有効です。細かい部分まで注目できるように、トレーニングします。

トレーニングのねらい

- ✔ 漢字を指でなぞることができる
- ✔ 漢字の画数を一本ずつ見て確認することができる
- ✔ 漢字のバランスや形を見て把握することができる

トレーニングの方法

①ワークシートを用意します。
②学習する漢字を確認します。
③読み方や書き順を確認します。
④教師と一緒に空書きやなぞり書きをします。
⑤似ている漢字の中から正しい漢字を探し、教師と確認します。

支援のポイント

　「漢字を書くときに細かい部分を間違えてしまう」「新しい漢字を覚えることに時間がかかる」「習った漢字を思い出すことが難しい」などの様子が見られる場合には、書く学習の前に、見る・読む学習にアプローチをします。また、書く学習の際、「子どもが反復練習にストレスを感じてしまっている」ケースがあり、学習意欲などに悪影響を与えてしまうので、注意が必要です。トレーニングを始めたての頃は、同じ書体で書かれた課題に取り組むことで、混乱を防ぐなど、工夫をしましょう（明朝体とゴシック体など、書体によって漢字の細部が違うため）。

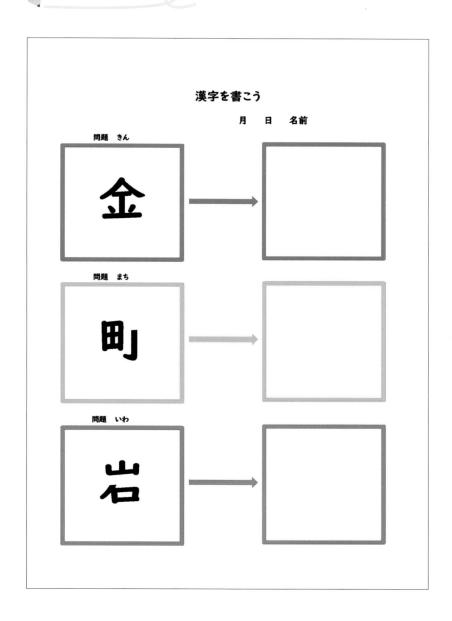

漢字を書こう

月　日　名前

問題　きん

金　➡

問題　まち

町　➡

問題　いわ

岩　➡

5 「上下？左右？視写をしよう」
見本と同じように書く

やり方は
こちら

黒板に書かれた文字を、ノートに視写する力につながります。平面の課題の際、上から下へ、左から右へとスムーズに視写できるようになります。

トレーニングのねらい

✔ 上に書かれている見本を、下のマス目に書き写すことができる
✔ 左に書かれている見本を、右のマス目に書き写すことができる

トレーニングの方法

①ワークシートを用意します。
②顔ではなく、目を動かして視点を合わせることを意識できるように、ウォーミングアップ（第2章①参照）を行います。
③教師と一緒に、見本を読み、マス目の位置なども確認します。
④見本を見てから、マス目を見て、同じ位置に書きます。
⑤全部書き終えたら、教師と一緒に確認をします。

支援のポイント

　日本では、教科書をはじめとして本や街中にある看板やポスターなどに表記されている文字は、上から下に向かって、左から右に向かって読むことが多いです。授業中には、教科書に書かれている内容を視写する場面もあるため、机上にある情報については、目を動かして把握することができるようにすると、体が疲れにくくなります。そっと顔の横に手を添える、ウォーミングアップを適宜行うなど、目の疲れにも気をつけながら視写に取り組みます。集中力を使うので、1日10分程度など、時間を決めて取り組むと効果的です。

✏ ワークシート

視写プリント
おなじマスにかきます

テーマ　帰りの会で話すこと

月　日　名前

・さいごまで、書きおわったら、〈みなおし〉をしよう

びっくりしたこと　●

▼今日は、お母さんが

ちゅうしゃじょうに、

スーツケースをわすれ

てきてしまいました。

▼みんなでさがして、

みつかりました。　⬠

6 「カラー版マス目シート」 マスの中に書いてみる

やり方は こちら

書きやすいマス目のワークシートを使用することで、学習の効率はぐーんとアップ。見やすい色、書きやすい大きさであることがポイントです。

トレーニングのねらい

✔ 自分でノートに文字を書くことができる
✔ ノートの使用方法を覚え、活用することができる

トレーニングの方法

①子どもの書きやすいマス目の大きさを確認します。
②子どもの見やすい色を確認します。
③漢字を書く学習など、必要な場面でワークシートを使用します。
④1か月～3か月に1回程度、文字のバランスなどを教師が評価し、マス目の大きさを小さくするなど、調整をします。

支援のポイント

　マス目の色については、学校で指定している教科書や漢字ドリルと同じ色に揃えると、混乱を防ぐこともできます。教科書と漢字ドリルで色が異なっていることもあるので、子どもたちが混乱しないのであれば、その子にとって見やすい色のワークシートを活用してもよいでしょう。

　また、画数の多い漢字を学習することになってきたら、2×2＝4マスのマス目から、3×3＝9マスのマス目にステップアップすることで、漢字全体のバランスに注目しやすくなります。文字を書くことは、とても高度な技術であることを忘れずに、あたたかい声かけと継続した取り組みを心がけていきたいものです。

✏️ ワークシート

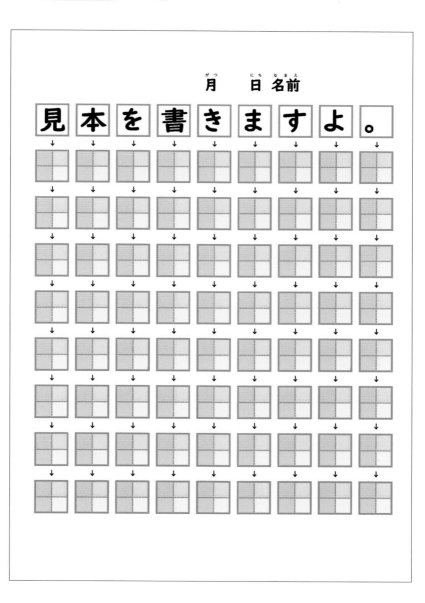

月 日 名前

見本を書きますよ。

コラム4 当たり前を当たり前にできる教師になろう

　子どもたちは、自分自身の鏡です。

　日々の生活の中で、教師が子どもたちに声かけしていることは、将来、大人になっても大切なことがたくさんあります。

　「早寝・早起き・朝ごはん」

　「5分前行動」

　「挨拶」

　「人が嫌がることはしない・言わない」

　「廊下は走らない」

　「毎日、運動をする」

　「毎日、予習・復習をする」

　これらのことは、当たり前のように子どもたちに伝えています。教師にとっては、当たり前のことかもしれません。当たり前に伝えていることが、なぜ、大切なのかを説明できることが重要です。

　もっと重要なことは、私たち、教師がモデルとなって実行することです。仕事で疲れているから、忙しいから、などできない理由を探すのは簡単です。継続が難しいことも知っています。それでも、私たちは、教師です。子どもたちに伝えていることを、自分で実行することで、子どもたちのモデルとなれることが理想です。

　それが大切だと「知っている」こと

　やろうと思えば「できる」こと

　子どもたちに「伝えている」こと

　日々の中で実際に「やっている」こと

　子どもたちに「やろう」と伝えていることは、私たちもやりましょう。

第 **5** 章

目と手で協調運動する トレーニング

1 「目と脳と手のつながる力」指導場面の支援を考える

学校生活では、作品を作る、リコーダーを吹くなどの場面があります。
目と脳と手をスムーズに連動させることを目指すトレーニングです。

目と脳と手の連動が難しいと思われる場面

▶定規を使って直線を引くことが難しい。
▶ハサミやのりなどをイメージ通りに操作することが難しい。
▶手がぶつかって、机の上から持ち物を落とすことが多い。　　　など

トレーニングのねらい

✔ 音楽でリコーダーを吹く
✔ 図画工作で作品を作る

授業では、文字を書く、教科書のページをめくるなど読み書きに関することと以外にも、見本などを見ながら手を動かす場面があります。自分のイメージに合わせて目と脳と手を連動させる力の向上を目指します。

環境調整の方法

　目と脳と手の連動する力の改善・向上を目指すトレーニングも、自立活動の時間や授業の隙間時間、家庭学習などに取り入れることができます。ここでも、即効性のある環境調整を進め、授業の目標が達成できるように支援していきましょう。

❶ 定規の裏面に、滑りにくいゴムを貼る。**(物的環境調整)**
❷ ハサミで切りやすいいように、輪郭に太線を引く。**(視覚支援)**
❸ 机の上に、必要ないものを置かない。**(空間支援)**
❹ 必要に応じて、手を添えて一緒に動かす。**(触覚支援)**

こんな場面に取り入れよう！

左手と右手を同時に動かすことが難しいCさんの事例

キーワード：目と手の協応

　好奇心旺盛で、負けず嫌いな性格のCさんですが、友達と一緒に休み時間に校庭に行きボール遊びをすると、いつも負けてしまいます。また、縄跳びでは、リズムよく跳ぶことが難しい様子です。学習中には、ノートを押さえながら、鉛筆を持って書くということに困り感があるようです。力んだ腕で、ひじまで使ってノートを押さえていることが多いです。

　教師は、日々の様子から、両手を同時に動かしたり、全身を使って協調運動をすることに支援が必要だと考えました。まずは、着席した状態で、体を安定させて、協調運動に取り組むことが望ましいと考え、机上でできる課題を取り入れるように計画をしました。Cさんは、苦手意識のある学習の前に下図のような「見る見るトレーニング」を取り入れたことで、意欲的に学習する様子が増えました。

　最初は、両手とも同じ線をなぞるトレーニングを行い、次に片手ずつ異なる線をなぞるトレーニングに進め、無理のないペースで取り組みました。

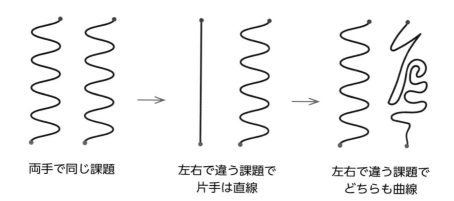

| 両手で同じ課題 | 左右で違う課題で
片手は直線 | 左右で違う課題で
どちらも曲線 |

「ゆびゆびけんけんぱ」
指の楽しいあそび

やり方は
こちら

「けんけんぱ」のリズムで楽しく指のトレーニングをします。両手で行うと難易度が上がります。

子どもたちの「強み」を生かす

　「平面に描かれた円を、指でタッチすることができる」「人差し指、中指、薬指を動かすことができる」という子どもの強みを生かした教材です。歌を歌いながら取り組んだり、音楽をかけながら取り組んだりすると、楽しくトレーニングをすることができます。

トレーニングの方法

　①ワークシートを用意します。
　②教師と一緒に、指を1・2・3・4・5と数えながら動かしてウォーミングアップします。
　③利き手の人差し指と中指で、手前から奥に向かって、円の中を押していきます。
※指でぴょんぴょんジャンプするイメージ
※指で、「けんけんぱ」をするイメージ

　④反対の人差し指と中指で、手前から奥に向かって、円の中を押していきます。
　⑤両手の指で、手前から奥に向かって円を押していきます。
　⑥円から指がはみ出ないように取り組みます。

※慣れてきたら中指と薬指で行ったり、リズムに合わせて取り組んでみたり、教師と一緒に歌を歌いながら取り組んでみたりすると、楽しさも難易度もアップします。

ゆびゆびけんけんぱ

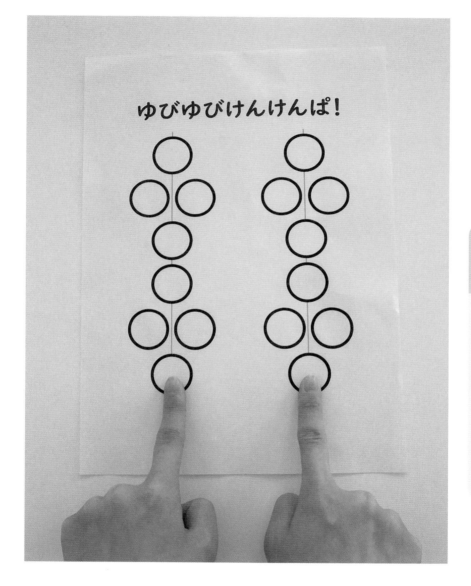

3 「ぐーちょきぱー運動」
目と手の連動力アップ

やり方は
こちら

じゃんけんの手の動きを活用して楽しく取り組みます。課題の情報を変化させることで、目と脳と手の連動力の向上を目指します。

子どもたちの「強み」を生かす

　「ぐー・ちょき・ぱー」のじゃんけんを知っていれば、取り組むことができる教材です。前項（第5章❷）で紹介した「ゆびゆびけんけんぱ」と比較すると、5本の指を使用するので、手の動きが大きくなります。そのため、はっきりと「今、私は、ぐーを出しているぞ」と認識できます。

　教材を作成する際には、キラキラ折り紙などを活用するとビジュアルがかわいくなり、学習意欲もぐんと上がります。

トレーニングの方法

　①ワークシートを用意します。

　②「○はぐー、△はちょき、□はぱー」と形と手の対応を覚えます。

　③ワークシートを見ながら、手をぐーちょきぱーで動かします。

　④自分の机上に置いたワークシートの上で、手を動かします。

　※難しい場合には、片手から始めます。

　⑤難易度を上げる場合は、左右の手で違う課題にします。（右図参照）

　例：右は○→△→□、左は□→○→○

　⑥30秒程度、下から上へ、上から下へ、を繰り返します。

ぐーちょきぱー運動

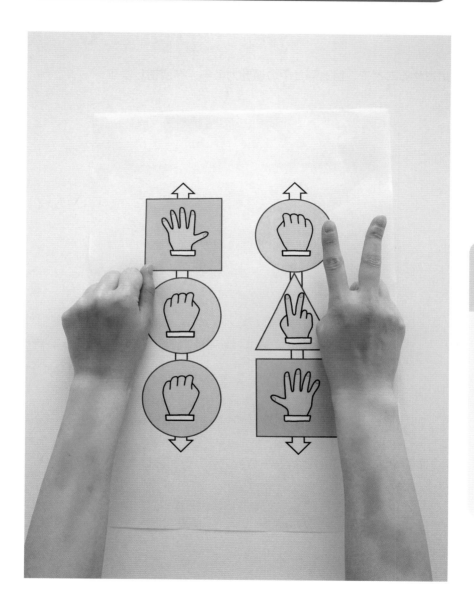

「おぼえてトントンリズム」記憶と手の動きを活用する

やり方はこちら

「数字を知っている＆リズムを楽しめる」という子どもの強みを生かしたトレーニング。カスタネットなどの楽器を活用しても楽しいです。

子どもたちの「強み」を生かす

　「1から5までの数字を知っている」という子どもの強みを生かして取り組みます。数字の書いてあるワークシートやチップ、カードなどを活用して、数字をカウントします。1なら「トン」、2なら「トントン」、3なら「トントントン」など、リズムよく数字をタッチしていきます。まずは、子どものペースに合わせて、徐々にリズムに合わせて取り組むことで難易度を調整することができます。

準備するもの

★必要に応じて、メトロノームなどリズムを知らせてくれる教材

トレーニングの方法

①ワークシートを用意します。
②数の練習として、教師が示した数字の回数だけ、拍手をします。
※1なら「パン」、2なら「パンパン」、3なら「パンパンパン」
③ワークシートに書いてある数字の数だけ、その数字をタッチするというルールを確認します。
④数字を見ながら、リズムよく「数字＝回数」を意識してタッチしていきます。

ワークシート

おぼえてトントンリズム

1 トン！

5 トン！ トン！ トン！ トン！ トン！

3 トン！ トン！ トン！

4 トン！ トン！ トン！ トン！

2 トン！ トン！

5 トン！ トン！ トン！ トン！ トン！

5 「せーのでゴール」
書く力を楽しく使おう

やり方は
こちら

子どもたちに大人気の教材です。線が複雑になってくると、大人でも難しいけれど楽しい！　机上で取り組むことができる協調運動です。

子どもたちの「強み」を生かす

　「線を見ることができる＆線の上を指でなぞることができる」という強みを活用した教材となっています。「①**姿勢保持**：着席して安定した姿勢で、②**視機能**：目を動かしながら、③**協調運動**：両手が違う動きを同時に行う」をスモールステップで実施することで、目と脳と手（体）の連動力の向上を目指します。

準備するもの

★必要に応じて、おはじき、マグネット、丸く切ったフェルトなど
※おはじきなどを、指で上から押さえて、線の上を滑らせるように実施するとスムーズに指を動かすことができます。

トレーニングの方法

①ワークシートを用意します。
②片手ずつ、線の上を指でなぞります。
③スタートの位置に指を置いて、同時に左右の手を動かします。
④ゴールは必ず同じタイミングで、「せーのでゴール」と声を出します。
⑤別の種類の線が書いてある課題に取り組む or 教師が手を添えて再チャレンジします。

せーのでゴール

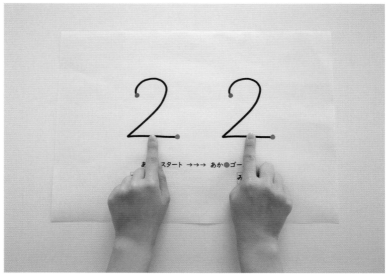

6 「スピード宝石並べ」
数える力をワクワクに変換

\ やり方は
こちら /

キラキラした宝石アイテム（子どもたちの好きなもの）を、数字に合わせて並べます。アイテムで特別感が味わえるトレーニングです。

子どもたちの「強み」を生かす

　このトレーニングでは、机上で、自分にとっての「近い・遠い・左右・斜め」など空間を把握しながら取り組みます。「ものを手でつかむことができる＆多角形の『枠の内側・外側』の概念がわかる」という強みを生かしながら、学ぶことができます。宝石アイテムは、小さいものだと誤飲の心配があるので、可能であれば、少し大きめのものを選びましょう。

準備するもの

★宝石アイテム（少し大きめなサイズの子どもたちが好きなもの）
★必要に応じて宝石アイテムを入れる箱

トレーニングの方法

①ワークシートを用意します。
②1から10までの数字を数えます。
③「1個、2個…」と声に出しながら宝石アイテムを手に持って数えます。
④ワークシートに書かれている数字に合わせて、宝石アイテムを置いていきます。
⑤教師と一緒に、数を確認します。

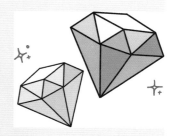

※宝石アイテムはミニカーやりんごなど、子どもたちの興味関心のあるものを選ぶと意欲が高まります。

✏ ワークシート

おなじ かず だけ ダイヤ を おきます

5 こ

4 こ

6 こ

3 こ

コラム5 学習の目標を設定しよう

　何をがんばるのかをはっきりさせることが大事です。

　見る見るトレーニングでもそうですが、授業を行う際には、必ず「目標」を明確にします。本時の目標はなんだろう？　活動の目標はなんだろう？　いつでも目標を意識して授業を組み立てます。その場しのぎで単発な授業にならないように、計画を立てていきましょう。

　見る見るトレーニングは、5分以内でできることがほとんどです。「毎日やればいいんだ」と思ってしまうと作業的になってしまうところがあるので、「今日はあごを動かさないように指を見てみよう」「今日は、まっすぐに線を描いてみよう」など、子どもたちががんばるポイントが明確になるように目標設定をします。

　目標設定は、スモールステップで行っていきます。まずは、できることから、好きなことから、目標に設定して、できた喜びや活動の楽しさを味わいます。次に、子どもたちの実態から、少しがんばるとできることを目標に設定してみます。少しずつ、時間をかけて目標を設定して取り組んでいきます。家庭で取り組む場合でも同じで、急に課題を難しくしたり、時間をのばしたりすると、トレーニングが嫌になってしまうので、本人のペースを大切にしていきます。また、子どもたちの「もっとやりたい！」の声を大切にします。

　本書では、「てんてん図形模写」や「ダイヤを探そう」など、楽しく取り組むことができる学習を多く紹介しています。「もっとやりたい！」という声は、できた喜びやうれしさを感じているという表現の形なので、くり返し楽しむことも大切です。柔軟に対応できるようにしましょう。

第 6 章

目と脳と全身を
つなぐトレーニング

「目と脳と全身をつなぐ力」指導方法と支援

学校生活では、「ボール遊びをする、遊具で運動をする」など体を動かす場面がいっぱい。目と脳と体のスムーズな連動を目指しましょう。

目と脳と体の連動が難しいと思われる場面

▶ ものとの距離がつかめず、机やドアなどによくぶつかる。
▶ 転がってきたボールをキャッチすることが難しい。
▶ 教師の見本をまねしてダンスを踊ることが難しい。　　　　など

トレーニングのねらい

✔ **自分のイメージに合わせて目と脳と体を連動させる力の向上**
ボールを投げる、なわとびを跳ぶなどの全身を使った運動から、特別教室への移動など、空間を把握する場面でのスムーズな体の動きを目指します。

環境調整のポイント

　目と脳と体の連動する力の改善・向上を目指すトレーニングです。自立活動の時間や授業の隙間時間、家庭学習などに取り入れながら、即効性のある環境調整を進めることが必要です。それぞれの授業の目標が達成できるように支援をしていきましょう。
❶ よくぶつかる箇所（ドアや机の角など）には、クッションやシールなどを貼り、注意を促せるようにする。**（視覚支援）**
❷ 座って転がしキャッチボールなどスモールステップで運動をする。
（姿勢の安定）（難易度の調整）
❸ ダンスでは写真など静止画の情報を提示する。**（確認方法の調整）**

よく壁や机にぶつかる D さんの事例
キーワード：ボディイメージ

　穏やかで落ち着いている D さんです。塗り絵を楽しんだり、友達との会話を楽しんでいます。しかし、D さんは、「よくものや人とぶつかってしまう」という悩みがありました。休み時間になると、教室やトイレなどの移動が増えます。そんな場面で、廊下を曲がろうとして壁にぶつかること、教室に入ろうとしてドアにぶつかること、自分や友達の机にぶつかること、体育館や校庭での活動、学年集会など、さまざまな人がさまざまな方向に歩いている空間で目がぐるぐるしてしまうこと、掃除道具などを壁にぶつけてしまうことなどの困り感があることを教師に相談しました。

　教師は、日々の D さんの様子からボディイメージにアプローチすることが必要だと考えました。まずは、休み時間や学級レクの時間に取り入れ、楽しみながら学べるように教育活動に取り入れていきました。

　体を大きく動かして、自分の体やまわりとの距離感がイメージできるようなトレーニングを行いました。広い空間でのびのびと体を動かします。

ここだ！と思ったら
ポーズを決めよう！

画用紙やホワイトボードなど身近な材料で自作できる

「マグネットスピードタッチ」黒板を活用してひろく見る

目と体をぱっぱっと動かしながら、楽しく全身を使います。全体を見る視野の広がりも、跳ぶように見る目の動きも活用しながら取り組みます。

子どもたちの「強み」を生かす

「数字を数えることができる」「体を動かすことが好き」という強みを生かして楽しくトレーニングすることができます。

準備するもの

★数字を書いたマグネット（黒板に数字を書くだけでもできる）
★必要に応じて、ストップウォッチなど
★必要に応じて、黒板消しとチョーク

トレーニングの方法

①教師と一緒に、1から20までの数字を数えます。

②教師もしくは子どもが黒板に数字を配置します。

※マグネットを使うと、「つかむ」動きを取り入れることができます。
※黒板にチョークで数字を書く場合は、黒板消しで消すという動作が入るため、腕全体やひじや手首を使う動きを取り入れることができます。

③時間を計る場合には、スタートの合図をします。

④1から順番に数字をタッチしていきます。

※マグネットをとる、チョークの文字を消すなどの応用もできます。

⑤20までいったら終了。時間を計っている場合はストップウォッチの時間を止めます。

⑥教師と一緒に振り返りをします。

マグネットスピードタッチ

黒板とマグネットで全身を使ってトレーニングします。1から20まで順にタッチしていきます。

1から20までをタッチ！！

まずは、順番に並べてルールを理解します。

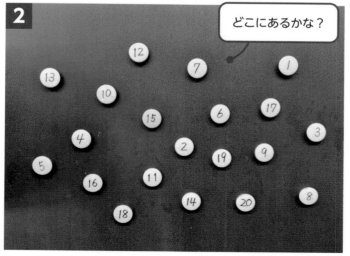

どこにあるかな？

次に、バラバラに配置して1から順に見つけます。

3 「ピンポン玉キャッチ」
複数の力を同時に使う

坂道を転がってくるピンポン玉をキャッチします。ゲーム感覚で楽しんで取り組むことができるので、休み時間や家庭学習でもおすすめです。

子どもたちの「強み」を生かす

　「ドキドキワクワクするようなゲームが好き」「ボールの存在を知っている」という強みを生かして、トレーニングをします。ピンポン玉をキャッチするという単純なゲームに見えますが、「①目でピンポン玉を追いかけること、②坂道を転がってくるピンポン玉との距離感を感じること、③机上のどの位置にあるのかを把握すること、④ボールが手元まできたらキャッチすること」、など複数の力を同時に活用します。

準備するもの

★ピンポン玉　　★机　　★紙コップ（手でキャッチする場合は不要）
★必要に応じて机の両端に壁（段ボールやスチレンボード）を設置する

トレーニングの方法

①教師と子どもが、机をはさみ、向かい合って座ります。
②机の高さ・角度を調整し、教師が机の高い側に、子どもが机の低い側に位置します。
③挑戦するピンポン玉の個数を確認します。
④教師が「いきまーす」など合図をして、ピンポン玉を転がします。
⑤子どもが、紙コップや手でピンポン玉をキャッチします。
⑥全部のピンポン玉を使い終えたら教師と振り返りをします。

ピンポン玉キャッチ

ペアになって楽しく取り組みます。机の下には台などを置いて、高さ・角度とスピードを調整します。

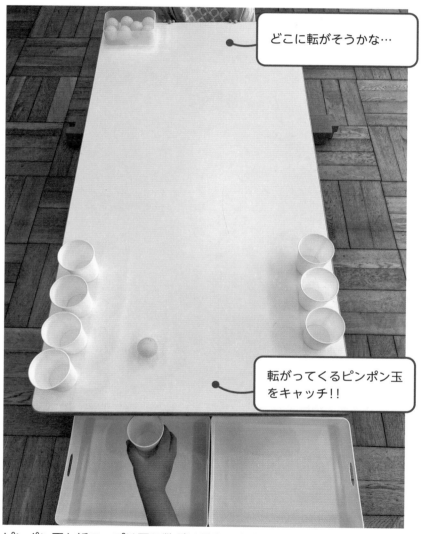

ピンポン玉と紙コップは同じ数だけ用意します。

4 「輪ゴムでキャッチ」両腕の動きを鍛える!

ゴムの摩擦力と両腕の力を活用しながら、紙コップをつかみます。軽くて倒れやすい紙コップを、うまくつかんで移動させるトレーニングです。

子どもたちの「強み」を生かす

　「両腕で、輪ゴムを引っ張ることができる」「輪の中にものを入れることができる」などの強みを生かして取り組みます。両腕で引っ張ることのできるサイズの輪ゴムを選ぶとやりやすいです。

　輪ゴムは、輪の形をしているので、輪の中に紙コップを入れることができるように、両腕を操作して取り組みます。空間を把握する力がついてくると、紙コップをスムーズにキャッチすることができたり、キャッチした紙コップを指定の場所に置くことができるようになったりします。また、紙コップをキャッチした状態で移動する距離をのばす、紙コップを置く場所を色で指定する、さまざまな大きさの紙コップを使用するなどバリエーションを変えて楽しむなど、難易度を調整できます。

準備するもの

★紙コップ　　　★輪ゴム

トレーニングの方法

①自分の手のサイズや両腕の強さに合う輪ゴムを選びます。
②教師と輪ゴムの使い方、紙コップのキャッチする方法を確認します。
③輪ゴムを使って、紙コップを指定の場所まで移動させます。
④教師と一緒に振り返りをします。

輪ゴムでキャッチ

目と体を連動させます。輪ゴムと紙コップ、目標の場所などいろいろなものを見ながら行います。

> コップに入るかな？

ペアになって、紙コップが重なるように協力しよう。

> 落ちないように歩いていこう！

紙コップを落とさないように目標の場所まで歩けるかな？

5 「勝ったら負けたらじゃんけん」頭も体もフル回転!

じゃんけんをして勝ったら/負けたらどうする? じゃんけんのあとの指示を変更するだけで目と脳と体の連動力の向上が見込めます。

子どもたちの「強み」を生かす

「じゃんけんのルールを知っている」という強みを生かしたトレーニングです。子どもたちはじゃんけんが好き。勝っても負けても楽しめるように、トレーニングのルールを変更して、バリエーションを増やすことで、情報処理の機能をフル活用して、連動力を高めます。

トレーニングの方法

①教師や友達と一緒に、ペアを決めます。

②ペアの相手とルールを確認します。（下記参照）

パターン1：勝った人が「負けた人のまわり」を一周する
パターン2：負けた人が「勝った人のまわり」を一周する
パターン3：あいこだったときのみ、「相手と手をつないで」一周する

③じゃんけんをする回数を決めます（10回やったら終わり など）。

④決められたルールと回数で、トレーニングを実施します。

以下のように情報を整理しながら取り組みます。
ルールを記憶する→じゃんけんをする→じゃんけんの結果を見る→ルールを思い出して情報を整理する→ルールに従って体を動かす
このルールを基に、パターンを変更してワクワク楽しく取り組みます。

⑤教師や友達と一緒に振り返りをします。

勝ったら負けたらじゃんけん

ルールを思い出しながら脳を活性化させましょう。

パターンを変えながら楽しく脳に刺激を与えます。

まわりのものにぶつからないように気をつけよう！

〈入力〉
勝った！

〈処理〉
ルールを
思い出して

〈出力〉
一周するぞ！

6 「まねっこジャンプ」ボディイメージを高める!

ジャンプをして、空中にいる間に情報を処理し、指定されたポーズになるように体を動かすトレーニングです。

子どもたちの「強み」を生かす

「体を動かすことが好き」「チャレンジ精神がある」という強みを生かしたトレーニングです。子どもたちが、ボディイメージを高めることができるように、1日数回取り組むと効果的。安全なスペースを確保することが大切なので、少人数の教室であれば、朝の時間などに教室で取り組むこともできます。体育館や校庭であれば、準備体操のひとつとして取り入れても、楽しく運動ができるでしょう。

トレーニングの方法

①教師が見本のポーズを見せます。
②かけ声をかけて、ジャンプをします。(ジャンプ中に体を動かす)
③着地と同時に、教師の見本と同じポーズをとります。

かけ声や確認時間の設定で、難易度を調整する

「せーのでポーズ」「いち・にでポーズ」など、子どもの実態に合わせてかけ声をかけます。かけ声のスピードやリズムを調整することで、子どもがチャレンジしやすい難易度にします。また、ジャンプしている間にポーズを考えると、一瞬の時間しか情報を処理する時間がないので、難しいトレーニングとなります。ジャンプをする前に、着地後にとるポーズを確認する時間を設定すると、ボディイメージを深めることができます。ポーズの写真やイラストを掲示しておくとさらに安心です。

ジャンプをしたら・・・こんな顔！

子どもは自分の体を動かしながら先生のポーズを注視します。

見本の顔は最後
までキープ

先生の顔をよく見てね！

ジャンプをしたら・・・はい！ポーズ！

着地したら前後左右の友達のポーズをよく見て、自分もポーズ！

空中でポーズを
決めよう！

着地と同時にこのポーズになれるかな？

「難易度調整アレンジ」バリエーションで楽しもう

7

さまざまなバリエーションを取り入れることで脳を活性化させることができます。ルールを柔軟にとらえて、全身の動きの種類を増やします。

トレーニングのねらい

✔ 情報を処理して、動きにする

　基本のルールは「勝ったら負けたらじゃんけん」(P.118) と同じですが、「勝ったとき／負けたとき」の指示のパターンに、バリエーションをつけます。「1回戦目は、勝ったら走る」「2回戦目は、負けたら走る」のように指示が変わると、頭の中で情報を処理して、動きとして出力する過程で、目と体を連動させようと脳が活性化します。

✔ 声や体の速度を変化させる

速い／遅い

進む／止まる　など

✔ 体の動きを変化させる

上下左右などの単調な動作／斜めや交差などの複雑な動作

大きく／小さく

個人／ペア、ペア／グループ　など

✔ 使用する教材を変化させる

軽い／重い

かたい／やわらかい

平面／半立体／立体　など

✔ 使用する BGM を変化させる

無音／リズム／曲

大音量／小音量　など

さまざまなトレーニングをアレンジしてみよう!

楽しく!!が一番。トレーニングにあきないように工夫をしよう。

ゆっくりとすばやく!

小さくと大きく!

声やリズムを変化させて楽しもう!

コラム 6

ほめ言葉が「口癖」に なる教師になろう

　前向きな言葉で子どもたちの自己肯定感を高めていきましょう。

　子どもたちが落ち着いているクラスの担任の先生は、子どもたちのことをたくさんほめている印象があります。

　子どもたちが失敗をしてしまったとき、活動に参加することが難しいとき、どんな言葉が最初にでてきますか?

「またやらかしたの?」

「どうせ何かしたでしょ?」

「何度言ったらわかるの?」

「もうできなくていいよ」

　ふとしたときに、口から出る言葉が、子どもたちの存在や行動を否定する言葉だとしたら、一度、子どもたちの立場になって考えてみるのもいいかもしれません。

　たとえば、体育の授業中に、運動が始まると校庭の端っこに行ってしゃがみ込んでしまった子がいたとします。「授業に参加することができていない」と教師が評価してしまうと、否定的な声かけになってしまいます。どうしてその行動をとるのかという背景を考えつつ、まずは、子どもたちの気持ちを受け止めましょう。認めてあげましょう。もしも、どんな言葉でほめたらいいのかわからないときには、皆様の目の前にいてくれることをほめてみてください。

「そばにいてくれてありがとう」

「ここから見ていてくれてありがとう」

「私からも君のことは見えているよ。応援しててね」

　感謝の気持ち、共感する気持ち、ほめる気持ち、たくさんの前向きな言葉をかけてあげてください。私たち教師の言葉が、子どもたちの心をあたたかくし、自己肯定感を育んでいきます。

おわりに

　本書をお読みいだだき、誠にありがとうございました。

　「見る見るトレーニング」について、皆様と学び合えたことをうれしく思います。見ることに難しさを感じている子や、反復練習をしてもなかなか習得が難しい子など、視覚認知の必要性を感じる子どもがいたら、ぜひ、「見る見るトレーニング」を試してみてください。

　これからの学校教育は、個別最適な学びを提供することが求められる時代です。すでに、全員で一斉に同じドリルを使って漢字を何十回も書いていた時代からの脱却とともに、個々の教育的ニーズに合わせた効果的な学び方の探求が始まっています。教科書、ノート、タブレット、デジカメ、パソコンなど、さまざまなツールを柔軟に活用できる授業を目指して、これからも学び続けていきましょう。

　特別支援教育の大切だと思える視点を２つ書きます。

「人を人として大切にする教育」

　子どもたちを一人の人として尊重することができる。障害のあるなしにかかわらず、すべての子どもたちの人格を大切にすることができる。どちらも当たり前なことに聞こえますが、私たち教師に一番大切で一番必要な姿勢だと考えます。

「科学的な根拠を基に学びを想像・創造する教育」

　子どもたちの困り感に気が付くことができるように、多面的な視点をもち、丁寧な実態把握から、困り感の背景要因を想像し、子どもたちの強みを生かした学びを創造することが大切です。

　最後に、子どもたちのために「学び続けること」ができる皆様を心から尊敬しています。これからも同じ時代を生きる一人として、子どもたちと子どもたちに関わる皆様のために全力で活動を続けていきます。

　2024 年 2 月

　　　　　　　　　　　　　　　　　　　　　　　いるかどり

参考資料

文部科学省『小学校学習指導要領解説 総則編—平成29年7月』東洋館出版社、2018年

文部科学省『特別支援学校教育要領・学習指導要領解説 自立活動編（幼稚部・小学部・中学部）』開隆堂出版、2018年

北出勝也『学ぶことが大好きになるビジョントレーニング—読み書き・運動が苦手なのには理由があった』図書文化社、2009年

北出勝也『発達の気になる子の　学習・運動が楽しくなる　ビジョントレーニング（発達障害を考える・心をつなぐ）』ナツメ社、2015年

川上康則『発達の気になる子の体の動きしくみとトレーニング（発達障害を考える心をつなぐ）』ナツメ社、2021年

奥村智人、三浦朋子、茅野晶敬『学びにくい子どもと教室でできる！〈プチ〉ビジョントレーニング（特別支援教育サポート BOOKS）』明治図書出版、2018年

本多和子『発達障害のある子どもの視覚認知トレーニング 改訂版：教室・家庭ですぐできる！（学研のヒューマンケアブックス）』Gakken、2023年

いるかどり『子どもの発達障害と環境調整のコツがわかる本』ソシム、2023年

撮影協力

空に架かる橋メンバー
Riona 先生

キッズモデル
さあちゃん

教材について

「見る見るトレーニング」の教材は、著者が発売している「教材データ集 ver.2024.VISION」にも収録されています。「教材データ集 ver.2024.VISION」は著者公式ホームページ「空に架かる橋」公式ストア（下記QR コード）から購入できます。

著者公式ホームページ

空に架かる橋
https://www.soranikakaruhashi.com

著者紹介

いるかどり

特別支援教育コーディネーター。学校心理士。公立小学校等で特別支援教育を実践・研究。空に架かる橋 I コミュニティ代表。好きな飲み物は、みかんジュース。好きな色は、雪の結晶がキラキラと舞う晴天の空の色。

【著書】『つまずき場面をサポート！ 小学校 特別支援教育 教材＆活動アイデア113』（明治図書出版）、『子どもの発達障害と環境調整のコツがわかる本』（ソシム株式会社）、『特別支援教育 子どもの強みをいかした オーダーメイド教材200』（明治図書出版）

【教材】自作教材データ集「教材データ集 ver.2024.VISION」などを作成・提供。

【イベント企画・運営】特別支援教育教材展示会の企画・運営。また、全国各地で勉強会や研修会を実施。

【情報発信】Instagramでは、特別支援教育コーディネーターとしての実践やオーダーメイド教材を紹介。

※お仕事の依頼は、InstagramのDMからご連絡ください。

Instagram：@irukadori_akkyi

特別支援教育 読み書き・運動が楽しくなる！
見る見るトレーニング

2024年2月29日　初版発行

著　者─────いるかどり

発行者─────佐久間重嘉

発行所─────学 陽 書 房
　　　　　　　〒102-0072　東京都千代田区飯田橋1-9-3
編集部─────TEL 03-3261-1112
営業部─────TEL 03-3261-1111／FAX 03-5211-3300
　　　　　　　http://www.gakuyo.co.jp/

ブックデザイン／能勢明日香
本文DTP制作・印刷／精文堂印刷　製本／東京美術紙工